글쓴이 | 서안정

세 아이를 키우며 삶에 대해 새롭게 배우고 경험하고 있는 이 순간들이 참 감사합니다.
아이를 잘 키우고 싶은 욕심에 삼천 권이 넘는 책을 읽고 고민하며 적용한 결과 나름의 육아철학을 가지게 되었어요.
아이들과 함께 놀고, 같이 책을 읽으며, 즐겁게 바깥 세상으로 체험 여행을 떠난 세월들은 아이들뿐만 아니라
저의 성장도 가능하게 했습니다. 그 과정에서 배우고 느끼고 실천한 것들을 혼자 알고 있는 것이 아쉬워
《세 아이 영재로 키운 초간단 놀이육아》, 《내 아이 위대한 힘을 끌어내는 영재 레시피》, 《엄마 공부가 끝나면 아이 공부는
시작된다》, 《결과가 증명하는 20년 책육아의 기적》으로 담아냈습니다. 현재 작가와 강사로 활동하며, 생활 속 교육,
놀이 속 학습을 실천한 이야기들을 다양한 강연으로 풀어내고 있습니다. 또 '공주'를 좋아한 세 아이들 덕분에 이 책
《공주박물관(어린이문화진흥회, 좋은 어린이 책 선정)》과 《우리공주박물관(2010 문화체육관광부, 우수교양도서 선정)》을
쓰게 되었답니다.

그린이 | 채진주

홍익대학교 시각디자인과를 졸업하고 어린이책에 그림을 그리고 있습니다.
사랑하는 아이들 반반이와 봉봉이에게 보여주고 싶은 좋은 그림책들을 만들어 나가고 싶은 엄마입니다.
그린 책으로는 《옹고집타령》, 《start세계명작-아기 돼지 삼형제》, 《송이네 여덟 식구》, 《행복한 명작-신데렐라》,
《마법의 직업호야, 내 꿈을 다 펼쳐줘!》 등이 있답니다.

복식감수 김영삼(중앙대학교 디자인학부 교수)

공주박물관

초판1쇄 발행 2009년 1월 10일
초판4쇄 발행 2010년 3월 25일
개정1판 4쇄 발행 2016년 2월 25일
개정2판 1쇄 발행 2018년 4월 20일
개정3판 1쇄 인쇄 2022년 12월 12일
개정3판 1쇄 발행 2022년 12월 19일

글쓴이 서안정
그린이 채진주, 이보람, 전규만
펴낸이 김은선

펴낸곳 초록아이
주소 경기도 고양시 일산서구 주화로 180 월드메르디앙 404호
전화 031-911-6627 **팩스** 031-911-6628
등록 2007년 6월 8일 제410-2007-000069호

글 ⓒ 서안정 2022
그림 ⓒ 초록아이 2022

* 이 책에 수록된 사진은 포토파크를 통해 유상 제공받은 것이므로,
무단복제 및 불법사용을 금지합니다.

ISBN 978-89-92963-76-3   77900

* 잘못된 책은 바꾸어 드립니다.
* 책값은 책 뒤에 있습니다.

초록아이 는 푸름이닷컴(www.purmi.com)에서 만든 어린이 지식책 출판사입니다.

The Museum of Princess

공주박물관

글·서안정 | 그림·채진주 이보람 전규만 | 복식감수·김영삼(중앙대 교수)

초록아이

이 책은 공주처럼
멋지고 당당하게 꿈을 키워 가는
_____의 소중한 친구입니다.
❀ 공주처럼 멋진 나의 사진을 붙여 봐요! ❀

세상을 바꿀 멋진 꼬마 아가씨들에게

안녕? 나는 이 책을 쓴 작가 아줌마야.
공주 박물관에 놀러 온 것을 진심으로 환영한단다.
아줌마에게는 공주를 무척 좋아하는 세 아이가 있었어.
날마다 백설 공주나 신데렐라 놀이를 하고,
책을 읽을 때도 특히 공주 책을 좋아하던 아이들이었지.

그래서 엄마인 나도 아이들과 함께 공주의 세계로
풍덩 빠져 보자고 생각했어.
공주 퍼즐, 공주 퀴즈, 공주 그리기, 공주 옷 만들기,
그리고 진짜 공주들의 이야기까지 나누면서
우리는 공주와 함께 신 나게 놀았지.
그러다 세상을 살기 좋게 바꾸어 나간 멋진 공주들이
아주 많다는 걸 알게 되었단다.

그 이야기 속으로 너희들을 초대하고 싶어.
혹시 "공주 놀이는 그만해!" 하며 엄마가 따가운 눈길을
보낸다면, 엄마와 함께 공주 박물관 속으로 놀러 오렴.
엄마도 곧 흥미진진한 공주의 세계로 푹 빠지게 될 거야.
어떻게 아냐고? 바로 이 책 속에 답이 있단다.
그럼 공주 박물관에서 즐거운 시간 보내길 바라!

작가 아줌마 서안정

차례

예쁜 동생이 태어났어요 10
공주와 왕자는 누구일까요 12

매일 아침 일찍 일어나요 14
쉿, 그동안 몰랐던 공주 이야기! 15
공주는 하루를 어떻게 보냈을까요 16

공주는 해야 할 일이 많아요 18
공주로서 해야 할 일 19
공주는 무슨 놀이를 했을까요 20

파란 지붕의 궁전에서 살아요 22
공주는 어디에서 살았을까요 24

멋진 내 방을 보여줄게요! 26
공주는 어떻게 몸을 꾸몄을까요 28

세상을 바꾼 공주들이 많아요 36
세상을 바꾼 공주들 37
공주는 어떤 축제일을 즐겼을까요 42

좋아하는 드레스를 골랐어요 44
시대별 드레스 스타일 45

씩씩하고 당당한 공주가 될래요 50
말타는 법 51 / 공주의 마음가짐은 무엇일까요 52
탄생석에 담긴 마법의 힘 53

언니가 결혼식을 올려요 54
루안 공주의 결혼 일기 55
드레스 속에는 무엇을 입었을까요 56

책읽기가 제일 좋아요 61
공주이야기를 쓴 작가들 62 / 책으로 나온 공주 이야기 63
공주 퍼즐 63 / 책속의 책1 - 잠자는 숲속의 공주 64 / 백설 공주 66

신나는 무도회에 가요 68
책속의 책2 - 엄지공주 70 / 라푼첼 72 / 백조의 호수 74

배움의 길을 찾아 떠나요 76
공주처럼 함께 따라해 볼까요 78

진짜 공주에 대해 알아봐요! 80
타고난 신분이 중요했던 시대 80
어떤 공주들이 살고 있을까 86
유럽 왕실의 아름다운 궁전들 92
책속 부록 - 리안 공주와 인형놀이 하기 94

예쁜 동생이 태어났어요

기다리고 기다리던, 사랑스러운 동생이 태어났어요.
동그란 이마에 하얀 얼굴이 무척 귀여운 여자아이예요.
우리 아버지와 어머니는 푸른빛 나라의 왕과 왕비랍니다.
나는 푸른빛 나라의 말괄량이 둘째 공주 리안이에요.
루안 언니에 나와 동생까지 이제 우리는 다섯 식구가 되었어요.

아버지는 꼭 아들이 태어나기를 바랐어요. 그래야 다음 왕위를 물려줄 수 있으니까요. 도대체 아들만 왕이 되라는 법이 있나요? 왕자든 공주든 백성을 사랑하고, 나라를 잘 다스리면 되잖아요. 공주도 왕이 될 수 있으면 참 좋겠어요. 만약 내가 왕이 된다면 모든 사람들이 평화롭고 행복하게 사는 나라를 만들 거예요.

언니(루안 공주)

공주가 건강하게 태어나서 기쁘구나! 그런데 아들이 태어나야 왕위를 잇는데…….

아빠(왕)

공주도 왕이 될 수 있나요?

공주도 왕이 될 수 있어요. 영국의 여왕 엘리자베스 1세와 오스트리아 합스부르크 왕가의 마리아 테레지아 여왕처럼 말이에요. 하지만 거의 모든 나라에서는 왕자가 왕위를 물려받아 왕이 되었답니다.

공주와 왕자는 누구일까요

공주는 왕과 왕비 사이에서 태어난 딸을 말해요. 하지만 나라와 시대마다 조금씩 다르게 불렸어요. 영국에서는 왕이 될 왕자의 아내 즉 왕세자비도 공주라고 불렀어요. 프랑스에서는 귀족 부인에게도 공주라고 불렀지요. 우리나라는 조선 시대에 와서 왕과 왕비 사이에서 태어난 딸은 '공주', 왕과 후궁 사이에서 태어난 딸은 '옹주'라고 불렀답니다.

Prince

왕자는 왕 또는 여왕의 아들이에요. 나라와 시대마다 조금씩 다르게 불렸지요. 작은 나라의 왕이나 남자 귀족들도 왕자라고 불렀답니다.

왕관은 누가 썼을까요?

왕관은 왕이나 왕비가 머리에 쓰던 둥근 관으로, 힘과 권력을 나타내요. 왕위에 오르는 대관식이나 국가의 행사 때 썼어요. 왕관은 둥근 원, 티아라는 반원이에요.

서양과 동양으로 나누어요

지리적으로 볼 때 서양은 '튀르키예'라는 나라 서쪽의 영국, 프랑스, 이탈리아 등 유럽과 남북 아메리카의 나라들을 말해요. 동양은 튀르키예 동쪽의 우리나라, 중국, 인도, 베트남, 일본 등 아시아 여러 나라들을 말하지요.

서양의 시대를 알아봐요

	400년	1500년	1800년	1900년	현재
고대	중세	근세	근대		현대
고대 이집트	초기 암흑 시대	16세기 르네상스 시대	19세기 초기 나폴레옹 1세 시대		
고대 그리스	중기 로마네스크 시대	17세기 바로크 시대	19세기 중기 나폴레옹 3세 시대		개성 시대
고대 로마	말기 고딕 시대	18세기 로코코 시대	19세기 말기 제국주의 시대		

매일 아침 일찍 일어나요

"잠꾸러기 공주님, 그만 주무시고 얼른 일어나세요."
유모가 꿈나라에 가 있는 나를 흔들어 깨우며 말했어요.
오늘은 예절 교육, 춤과 노래, 역사와 외국어 공부가 있어요.
일주일에 두 번 있는 악기 연주와 간호법도 공부해야 해요.
계속 잠을 더 자고 싶었지만 그러면 안 되겠지요?
아침부터 공주로서 할 일이 아주아주 많거든요.

공주님, 그만 주무시고 일어나세요! 아침부터 부지런히 해야 할 일들이 많거든요.

유모와 시녀의 시중을 받아요

공주는 어릴 적부터 어머니 대신 젖을 먹여 주는 유모와 생활했어요. 그리고 항상 옆에는 돌봐 주며 심부름해 주는 시녀도 있었지요.

쉿, 그동안 몰랐던 공주 이야기!

공주는 날마다 놀기만 한다?
공주라고 해서 놀고, 먹고, 하고 싶은 대로 다 할 수는 없었어요.
공주로서 해야 할 일을 다하기 위해 늘 힘썼지요. 외국어, 역사, 문화,
음악, 예절 등을 익히느라 날마다 열심히 공부를 했답니다.

모든 공주는 예쁘다?
공주라고 해서 다 예쁘지는 않았어요. 아름다운 옷과 장신구로
겉모습을 아주 화려하게 꾸며서 아름다워 보였을 뿐이에요.
외모도 중요하지만 마음씨가 고와야 예쁜 공주랍니다.

공주는 혼나지 않는다?
공주라고 해서 잘못된 행동을 그냥 넘어가 주지는 않았어요.
잘못을 저질렀을 때는 부모님에게 따끔히 야단을 맞았지요.
때로는 회초리를 맞으며 혼나기도 했답니다.

사랑하는 사람과 결혼해서 행복하게 잘 산다?
공주는 보통 열네 살쯤 되면 정략 결혼을 했어요. 정략 결혼이란
두 나라의 왕이 서로의 이익을 위해 자식들을 결혼시키는 거예요.
이렇듯 공주는 부모님이 정해 준 남자와 무조건 결혼해야 했어요.

잠옷은 귀했어요
공주가 잠 잘 때 입는 잠옷은 너무도 비쌌어요.
누구나 쉽게 입을 수 없었지요. 옛날 '튀르키예'라는
나라에서는 '잠옷도 없는 주제에!'라는 유행어가
있었는데, 값비싼 잠옷을 두고 한 말이었지요.
17세기 유럽 왕가에서는 약혼이나 결혼 선물로
잠옷이 유행하기도 했답니다.

공주는 하루를 어떻게 보냈을까요

🜲 **오전 7시**

식사 예절에 맞추어 아침 식사를 해요. 바른 자세로 앉아 천천히 맛있게 꼭꼭 씹어 먹어야 건강해져요.

🜲 **오전 9시**

공주로서의 품위를 지키기 위해 예절을 배워요. 우아한 걸음걸이와 상냥한 미소, 단정한 옷차림을 해요.

허리를 살짝 굽히고 예쁘게 인사해야지!

이 약초는 기침을 많이 할 때 좋다고 했지?

🜲 **오전 11시**

아름다운 꽃을 가꾸거나 약초를 길러요. 식물의 고마움과 생명의 소중함을 배울 수 있어요.

🌸 오후 3시

역사, 문화, 외국어 등 책을 읽으며 지식과 교양을 쌓아요. 다양한 지식은 미래의 꿈을 이루게 해주어요.

🌸 오후 5시

피아노나 바이올린 등 악기를 연주해요. 음악을 연주하다 보면 기분이 좋아지고 감성도 풍부해져요.

🌸 오후 9시

깨끗하게 씻은 후 잠자리에 들어요. 잠을 푹 자야 몸과 마음이 건강해져요.

공주는 해야 할 일이 많아요

하얀 천에 한 땀 한 땀 아름다운 꽃을 예쁘게 수놓았어요.
곧 결혼할 언니에게 손수건을 만들어 주려고요. 작은 선물이지만
루안 언니가 기뻐하겠지요? 오후에는 약초 기르는 일을 할 거예요.
요즘 나라에 전염병이 퍼지고 있어서 약의 재료가 되는 약초가
많이 필요해요. 백성들이 아프면 공주도 힘껏 도와야 한답니다.

공주로서 해야 할 일

열심히 간호법을 배워요

중세 시대에는 크고 작은 전쟁이 많이 났어요. 공주도 칼과 활을 쓰는 법을 익혔고, 전쟁에서 다친 사람들을 위해 간호법도 공부했답니다.

초상화의 모델이 되어요

공주는 평소에 초상화를 그려 두곤 했어요. 결혼할 왕자에게 보여주거나 특별한 날을 기리기 위해 예쁜 모습을 담아 둔 거였어요.

약이 되는 약초를 길러요

공주는 약초를 길렀어요. 양귀비꽃은 배가 아플 때, 장미꽃 기름은 머리가 아플 때 약으로 썼어요. 버드나무 껍질은 열을 내리게 해주었지요.

양귀비꽃 장미꽃 버드나무

목욕을 자주 하지 못했어요

르네상스 시대의 공주들은 성안이 아주 춥고 목욕탕도 제대로 없어서 목욕을 자주 하지 못했어요. 손과 얼굴은 자주 씻었지만요.

자수를 놓으며 교양을 쌓아요

공주들은 종종 자수를 놓곤 했어요. 자수는 중세 시대 말기부터 근세 시대에 공주나 귀족 부인들의 교양 생활이었어요.

공주는 무슨 놀이를 했을까요

오, 말을 여기에 놓으면 내가 이기겠는걸!

🧠 체스

바둑판 모양의 판 위에서 정해진 규칙대로 말을 놓으며 노는 놀이예요. 대표적인 왕실 놀이로, 상대방의 '왕 말'을 움직이지 못하게 하면 이긴답니다.

🧠 낱말 맞추기

글자를 가지고 노는 놀이예요. 알파벳 순서를 바꾸어 새로운 단어를 만들거나, 힌트를 통해 가로·세로 빈 칸에 글자를 채우며 놀아요.

와, 이렇게 맞추니까 전혀 새로운 단어가 되는구나!

매듭짓기와 인형놀이

베를 짤 때 쓰는 북을 이용해 단단한 매듭을 지으며 놀아요. 또 인형과 인형의 옷을 직접 만들며 가지고 놀아요.

공놀이와 공기놀이

혼자 또는 여럿이서 공을 던지며 주고받는 놀이예요. 작은 밤톨 크기의 공기를 규칙에 따라 집고 받으며 즐거운 시간을 보내요.

파란 지붕의 궁전에 살아요

나는 파란 하늘과 잘 어울리는 푸른빛 궁전에 살아요.
궁전 주위로는 아름다운 정원과 높은 산이 펼쳐져 있어요.
크고 화려한 궁전 안에는 수많은 방과 연회장, 음악실,
실내정원 등이 있어요. 왕이신 아버지는 이 큰 궁전에서
우리 가족들과 살며 신하들과 함께 나라를 다스려요.
궁전 입구에는 병사들이 언제나 지키고 있답니다.

휴게실

궁전 로비

발코니

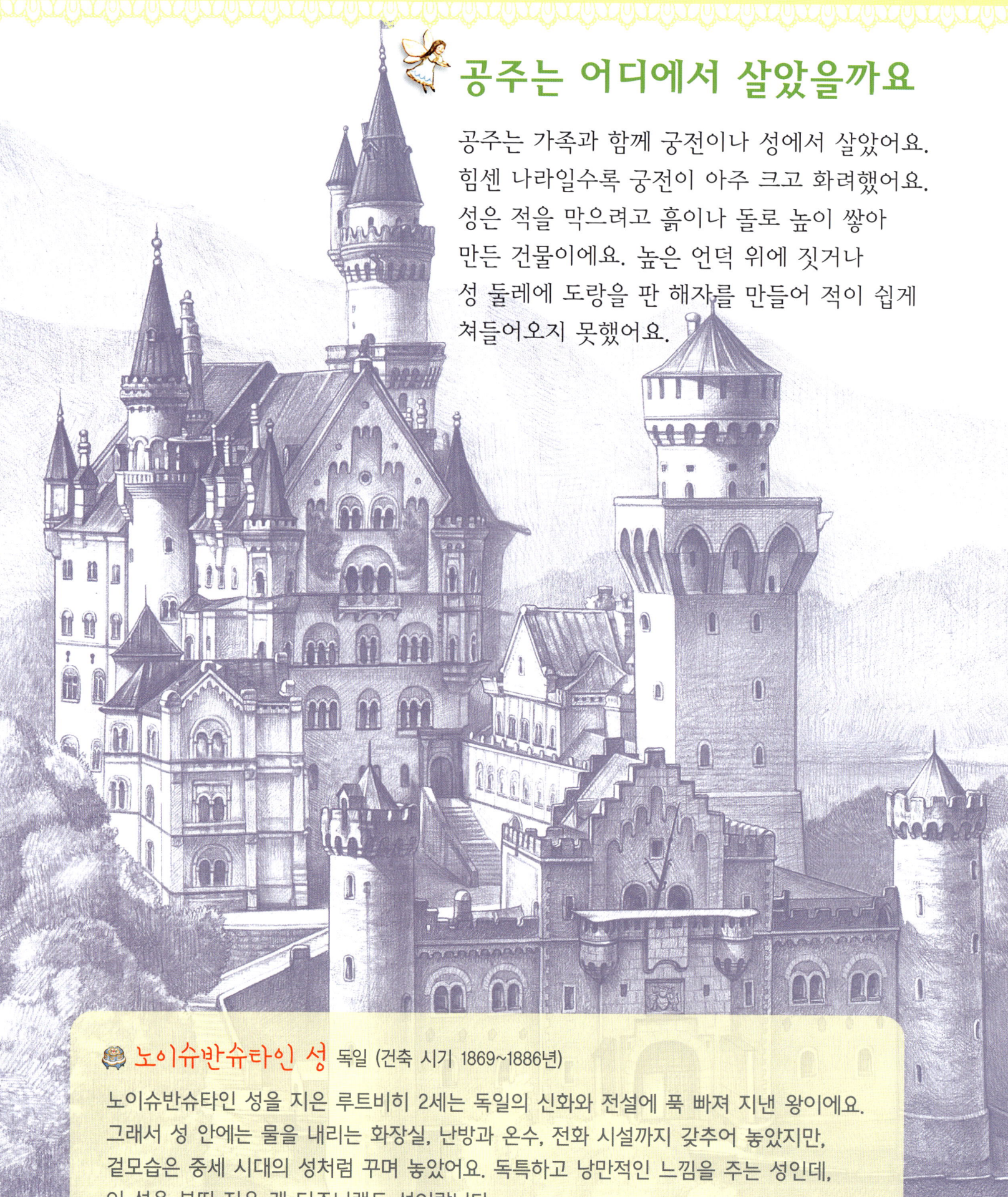

공주는 어디에서 살았을까요

공주는 가족과 함께 궁전이나 성에서 살았어요.
힘센 나라일수록 궁전이 아주 크고 화려했어요.
성은 적을 막으려고 흙이나 돌로 높이 쌓아
만든 건물이에요. 높은 언덕 위에 짓거나
성 둘레에 도랑을 판 해자를 만들어 적이 쉽게
쳐들어오지 못했어요.

노이슈반슈타인 성 독일 (건축 시기 1869~1886년)

노이슈반슈타인 성을 지은 루트비히 2세는 독일의 신화와 전설에 푹 빠져 지낸 왕이에요.
그래서 성 안에는 물을 내리는 화장실, 난방과 온수, 전화 시설까지 갖추어 놓았지만,
겉모습은 중세 시대의 성처럼 꾸며 놓았어요. 독특하고 낭만적인 느낌을 주는 성인데,
이 성을 본떠 지은 게 디즈니랜드 성이랍니다.

🏰 베르사유 궁전 프랑스 (1664~1715년)

베르사유 궁전은 프랑스의 루이 14세가 사냥용 별장을 바로크 양식의 대궁전으로 확장시켰어요. 궁 안의 '거울의 방'과 프랑스식 정원은 오늘날 많은 관광객들이 찾는 이유 중 하나랍니다.

🏰 쇤부른 궁전 오스트리아 (1696~1873년)

쇤부른 궁전은 오스트리아의 비엔나를 대표하는 건축물이에요. 마리아 테레지아 여왕이 사랑했던 궁전이지요. 넓은 정원과 아름다운 조각상으로 세계문화유산이 되었어요.

🏰 윈저 성 영국 (1078년경부터 짓기 시작)

11세기에 지어져 지금까지 여러 번 보수한 윈저 성은 영국 왕들이 대대로 머물던 곳이에요. 19세기 최고의 사랑 이야기를 남긴 빅토리아 여왕과 남편 앨버트 공이 살았던 곳이기도 해요.

🏰 세고비아 알카사르 성 에스파냐 (11세기)

에스파냐의 세고비아 알카사르 성은 애니메이션 〈백설 공주〉의 모델이 된 성이에요. 주변이 빽빽한 숲으로 뒤덮여 있고, 지하로 내려가는 비밀 통로가 많아 요새로도 이용되었어요.

멋진 내 방을 보여줄게요!

이곳은 내 방이에요. 어때요, 화려하지요?
"말괄량이 리안 공주님이 어디에 숨으셨을까?"
유모가 여기저기 들춰 보며 나를 찾고 있어요.
침대, 옷장, 식탁은 숨바꼭질하기에 딱 좋아요.
나는 놀이도 공부도 책읽기도 무엇이든지
열심히 하는 씩씩한 공주랍니다.

공주는 어떻게 몸을 꾸몄을까요

공주를 비롯한 왕실 여인들은 값비싼 옷과 장신구로 몸치장을 했어요. 실크 드레스를 입고 보석이 박힌 목걸이, 귀걸이, 반지, 티아라 등으로 몸을 꾸몄지요. 멋진 부채를 들거나 냄새를 없애게 향수도 뿌렸답니다.

🦋 드레스

공주는 보통 화려하고 예쁜 드레스를 입었어요.
공주가 입는 실크 드레스에는 색색의 자수와 리본, 보석, 브로치, 레이스 등이 달려 있어 아름다웠어요.

29

🎀 모자

왕실의 공주나 귀족 여성들은 고급 천에 보석과 깃털로 꾸민 모자로 멋을 냈어요. 모자는 햇빛과 비바람으로부터 머리와 얼굴을 보호해 주기도 했지요.

🎀 비단과 실크로드

공주의 실크 드레스는 중국에서 들여온 비단으로 만들어 매우 귀하고 비쌌어요. 중국의 비단이 서양까지 지나간 길을 비단길 즉 실크로드라고 했지요. 이 길을 통해 중국의 비단·종이·나침반·화약·인쇄술 등이 서양으로, 서양의 보석이나 종교 등이 중국으로 전해졌어요.

목걸이 · 귀걸이 · 반지 · 빗

공주의 목걸이, 귀걸이, 반지, 빗 등의 장신구는 화려한 보석으로 만들었어요. 왕실 여인들이나 귀족 여성들 이외에 보통 사람들은 비싸서 장신구를 할 수가 없었지요.

목걸이

귀걸이

반지

빗

티아라

보석을 박아 머리를 장식하던 머리띠예요.
나폴레옹 1세의 아내 조제핀 황후가 쓴 이후로
공주나 왕실 및 귀족 여성들이 많이 사용했어요.

흑옥

반짝반짝 윤이 나는 검은색 돌로,
죽은 사람을 기리는 뜻이 있어요.
영국의 빅토리아 여왕은 남편이 죽자,
검은색 상복에 흑옥 장신구를 했어요.

초커

천과 보석으로 만든, 목에 두르는
장식이에요. 영국의 알렉산드라 왕비가
목에 난 흉터를 감추려고 사용한 후로
점차 유행했어요.

🦋 구두

공주는 가죽과 비단으로 만든 구두를 신었어요. 구두에는 화려한 보석을 박거나 자수를 놓아 더욱 멋지게 꾸몄어요.

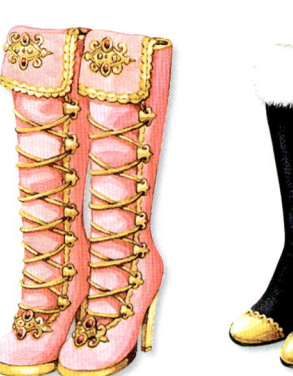

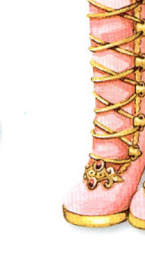

🦋 초핀

나무나 코르크 창을 두껍게 댄, 굽이 아주 높은 신발이에요. 키가 커 보였지만 신발을 벗으려면 하인들의 도움을 받아야 했어요. 초핀이 발달해 오늘날 여자용 구두 하이힐이 되었답니다

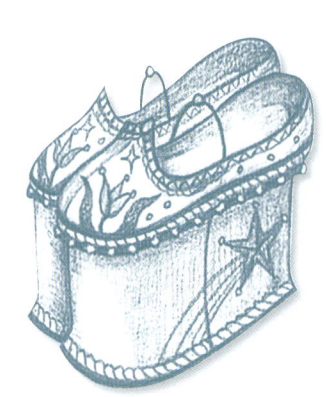

🦋 부채

오래 전부터 왕실이나 귀족 여성들이 사용했어요.
부채로 사랑을 표현하기도 했지요. 오른쪽 뺨에 부채를
대고 천천히 미끄러뜨리면 "당신을 사랑해요.", 손바닥에
탁탁 치면 "관심 없어요."라는 뜻이었대요.

🦋 향수

근세 유럽에는 목욕탕과 화장실이 거의
없었어요. 물로 씻는 대신 물수건으로 닦고,
간이변기에 용변을 본 뒤 집 밖에 버렸지요.
그래서 사람들의 몸과 집 주위, 길 등에서
고약한 냄새가 났어요. 왕실 사람들이나
귀족들도 마찬가지였는데, 냄새를 감추려고
향수를 만들어 뿌렸답니다.

세상을 바꾼 공주들이 많아요

공주들의 초상화가 걸려 있는 방에 왔어요.
어머니는 초상화 속 공주들의 이야기를 들려주었어요.
나라를 잘 다스린 공주들에게는 본받을 점이 많거든요.
세계 역사상 뛰어난 지도자로 손꼽히는 엘리자베스 1세,
지혜와 아름다움을 갖춘 마리아 테레지아, 에스파냐를
유럽에서 제일 부강하게 만든 이사벨 1세 등 나도
열심히 공부해서 훌륭한 사람이 될래요!

리안 공주, 이런 공주들이나 여왕들처럼 지혜롭고 당당한 여성이 되렴!

클레오파트라 7세 (B.C.69~B.C.30), 이집트
이집트 프톨레마이오스 왕가의 공주로
파라오 즉 왕이 되었어. 풍부한 지식과
멋진 말솜씨, 빼어난 외모로 강대국
로마에 맞서 이집트를 지키려 했단다.

세상을 바꾼 공주들

제노비아 (269년경), 팔미라(현 시리아)

팔미라의 지혜로운 여왕이야. 당시 팔미라는 고대 로마의 속국이었어. 여왕이 된 제노비아는 로마의 지배에서 벗어나기 위해 많은 노력을 기울였단다.

안나 콤네나 (1083~1148년경), 동로마(현 이스탄불)

동로마에서 태어난 공주야. 여러 분야에서 지식이 깊고 재주가 많았어. 십자군 전쟁으로 다친 사람들을 직접 치료했고, 또 역사서로 〈알렉시아스〉도 썼단다.

마틸다 (1102~1167), 잉글랜드(현 영국)

잉글랜드의 공주로 태어나 8살에 신성로마제국의 왕비가 되었어. 왕비가 되는 자질을 공부하며 자라서 '훌륭한 마틸다'란 별명을 얻을 만큼 현명한 왕비가 되었단다.

엘레오노르 (1122~1204), 아키텐(프랑스)

어릴 때부터 소문난 말괄량이로 자랐어. 주변 귀족 여성들을 설득해 함께 전쟁터에 나가기도 했지. 두 번의 결혼으로 프랑스와 영국에서 왕비가 되었단다.

이사벨 1세 (1451~1504), 에스파냐

자신이 선택한 남자와 결혼한 카스티야의 공주야. 여왕이 된 후 남편의 왕국과 합쳐 지금의 에스파냐로 통일시켰어. 콜럼버스를 통해 신대륙 아메리카를 발견하고, 에스파냐를 유럽에서 제일 부강하게 만들었단다.

엘리자베스 1세 (1533~1603), 영국

세계 역사에서 가장 훌륭한 지도자로 손꼽히는 여왕이야. 용기 있게 자신의 뜻을 펼치며 나라를 위험에서 구했어. 백성들의 목소리에도 귀를 기울여 사랑과 존경을 한몸에 받았단다.

크리스티나 여왕 (1626~1689), 스웨덴

스웨덴의 공주로 태어나 어릴 때부터 용감하고 지혜로웠어. 여왕이 되려고 아주 열심히 공부했지. 여왕이 된 후 문화와 예술에 온 힘을 쏟아 나라가 문화적으로 발전하게 했단다.

마리아 테레지아 (1717~1780), 오스트리아

오스트리아 합스부르크 왕가의 왕위를 이을 왕자가 없자 왕이 된 공주야. 학식도 깊고 나라도 아주 잘 다스렸지. 유능한 사람을 관리로 뽑고, 교육 제도를 고쳐 나라를 더욱 발전시켰단다.

마리 테레즈 (1638~1683), 에스파냐

프랑스의 루이 14세와 결혼한 에스파냐의 공주야. 에스파냐에서 오는 초콜릿을 먹는 것으로 고향을 향한 그리움과 외로움을 달랬어. 신앙심이 깊고 사람들에게 매우 친절한 왕비였단다.

예카테리나 2세 (1729~1796), 러시아

작은 공국의 공주로 태어나 러시아 황실로 시집을 왔어. 러시아인이 아닌데도 여제의 자리에 올랐단다. 영토를 넓히고, 문화를 향상시켜 러시아를 전성기로 이끌었단다.

루이즈 마리 (1737~1787), 프랑스

프랑스의 공주로 태어났어. 왕실이 가난해서 수도원에서 자랐지. 이후 궁으로 돌아왔지만 결국 수녀가 되어 평생을 종교 활동에 크게 힘썼단다.

마리 앙투아네트 (1755~1793), 오스트리아

오스트리아의 여왕 마리아 테레지아의 딸이야. 정략결혼으로 프랑스 루이 16세의 왕비가 된 아름다운 공주지. 프랑스 혁명 때 나라의 재산을 낭비하고 오스트리아와 손잡고 일을 벌였다는 이유로 단두대에서 삶을 마감하고 말았어.

빅토리아 여왕 (1819~1901), 영국

영국의 공주로 어릴 적부터 외국어를 잘했어. 열여덟 살에 여왕이 되어 영국이 부유한 나라가 되도록 잘 다스렸지. 화목한 가정 생활로 국민에게 존경과 부러움도 받았단다.

아나스타샤 (1901~1918), 러시아

러시아의 마지막 공주로, 러시아 혁명 때 죽고 말았어. 하지만 사람들은 공주가 살아 있을지도 모른다고 생각했지. 공주의 죽음과 그 뒤의 이야기들은 영화로 만들어지는 등 사람들의 많은 관심을 끌었단다.

그레이스 켈리 (1929~1982), 미국

우아한 외모와 연기로 많은 사랑을 받았던 미국의 영화배우야. 모나코 왕과 결혼하면서 왕비가 되었지. 덕분에 모나코를 찾아오는 사람들이 많아져 모나코의 관광 수입이 늘고 프랑스와의 합병 위기도 넘겼단다.

공주는 어떤 축제일을 즐겼을까요

밸런타인데이

2월 14일은 사랑하는 연인들이 카드나 선물을 주고받으며 사랑을 확인하는 날이에요. 특히 여자가 남자에게 달콤한 초콜릿을 주며 마음을 전해요.

할로윈 데이

유령이나 마녀의 옷차림을 하고 10월 31일 밤, 집집마다 다니며 사탕과 초콜릿을 얻어 가는 날이에요. 호박에 구멍을 뚫어 '호박등'을 만들기도 해요.

"냠냠, 올해는 호박파이가 작년보다 더 맛있는 것 같아!"

추수감사절

한 해의 수확을 감사하는 축제일로 온 가족이 모여 파티를 열어요. 보통 11월에 지내는데, 칠면조와 호박파이를 먹으며 즐거운 시간을 가지곤 해요.

"이 방울도 달아야지. 나는 크리스마스 트리를 멋지게 장식하는 게 너무 재밌어."

크리스마스

예수님의 탄생을 기념하는 날로, 12월 25일이에요. 왕실에서도 이 날을 기리면서 인형이나 과자, 양초와 예쁜 종 등으로 크리스마스 트리를 장식해요.

언니의 결혼식 날, 좋아하는 스타일인 크리놀린 드레스를 입어야지.

좋아하는 드레스를 골랐어요

언니의 결혼식 날, 어떤 드레스를 입을까요? 지금부터 시대별로 유행했던 스타일 중에서 마음에 드는 걸 골라 입어 볼게요. 소매에 예쁜 레이스가 달린 로브 드레스, 엉덩이를 부풀린 버슬 스타일! 아하, 결혼식에는 크리놀린 드레스가 좋겠어요. 어때요? 내가 좋아하는 드레스를 입고 내 모습을 멋지게 드러낼 거예요!

고대

시대별 드레스 스타일

쉬스 드레스 고대 이집트

쉬스 드레스는 가슴 아랫부분에서 발목에 이르는 길이의 치마에 어깨끈이 달린 옷이에요. 고대 이집트에서는 가슴을 드러내는 게 자연스러웠어요.

> 쉬스 드레스를 입고 녹청색으로 진한 눈 화장을 해서 벌레와 햇빛을 막았어요.

팔라 고대 로마

팔라는 직사각형의 천을 어깨에 둘러 팔에 걸쳐서 입는 망토 모양의 옷이에요. 그리스 옷의 영향을 많이 받았답니다.

> 고대 그리스 여인들은 키톤을 입고 잿물과 노란꽃으로 머리를 노랗게 물들였대요.

키톤 고대 그리스

키톤은 직사각형의 천을 반으로 접어 몸에 걸쳐 입는 옷이에요. 걸을 때마다 몸매가 드러나 아름다움이 잘 돋보였지요.

중세

블리오 중세 중기

블리오는 상체의 옆이나 뒤를 터서
끈으로 묶어, 몸의 곡선을 살린 드레스예요.
소매통 끝이 깔때기처럼 넓어요. 땅을 끌
정도로 긴 것은 중간에 한번 묶었어요.

로룸 비잔틴 시대

로룸은 두꺼운 비단 천에 보석,
자수 등을 모자이크처럼 박아 놓은
띠를 말해요. 그 모양이 화려해서
왕족들의 장식띠로 사용되었어요.
다양한 방식으로 몸에 걸쳤지요.

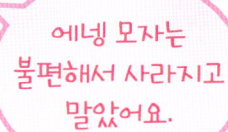
에넹 모자는
불편해서 사라지고
말았어요.

에넹 모자 중세 말기

중세 말기에는 무엇이든지
뾰족하게 나타내려고 한
고딕 양식이 유행했어요.
드레스를 입고 머리에 쓴
에넹 모자도 뾰족했어요.

근세

러프 칼라 르네상스, 바로크 시대

르네상스와 바로크 시대에는 꽉 조이는 코르셋에 넓게 부풀린 치마를 입었어요. 목에는 주름이 잡힌 러프를 둘러 우아한 느낌을 주었고요. 목을 돌리기 힘들었지만, 러프가 높을수록 신분이 높다고 여겼어요.

폴링 칼라 바로크 시대

목 주위를 둘렀던 러프 칼라는, 바로크 시대로 들어와 어깨를 덮는 폴링 칼라로 바뀌었어요. 옷차림도 지나칠 정도로 화려해졌지요.

레이스가 달린 아름다운 소매가 너무 마음에 들어요.

로브 로코코 시대

로코코 시대의 로브는 깊게 파인 목선, 옆으로 부풀린 치마, 서너 겹의 아름다운 레이스가 달린 소매가 특징이에요.

근대 및 현대

"엉덩이가 부풀려진 드레스라 걸을 때 조금 불편해요."

버슬 스타일 근대

버슬 스타일은 엉덩이를 볼록하게 부풀린 옷이에요. 어깨를 부풀리거나 헝겊을 넣어 가슴을 두드러지게 했어요.

호블 드레스 현대

호블 드레스는 치마 밑의 통이 무척 좁은 드레스예요. 이 옷을 입고 걸으면 절룩거리게 된다고 하여 '호블(Hobble)'이란 이름이 붙었답니다.

"예쁘긴 한데 치마 통이 너무 좁아서 다리를 절룩거리곤 한답니다."

씩씩하고 당당한 공주가 될래요

가끔씩 궁전에서의 생활이 답답하게 느껴질 때가 있어요.
배워야 할 게 너무 많고, 참고 견뎌야 할 일도 많거든요.
어떨 때는 평범하게 살아가는 사람들이 부럽기도 해요.
공주로 사는 것이 결코 쉬운 일은 아니랍니다.
그럴 때마다 난 멋진 말을 타고 들판을 힘껏 달려요.
시원하게 달리고 나면 기운도 나고, 궁전으로 돌아가는
발걸음이 한결 가벼워진답니다.

공주로서의 할 일을 즐겁게 해야지 그러려면 건강한 마음, 튼튼한 몸은 기본이야.

말 타는 법

나는 말 타는 것을 아주 좋아해요.
공주는 말 타는 법도 잘 배워야 해요.
어디를 가려면 말을 타고 가야 하거든요.
자, 말 타는 법을 한번 알아볼까요?
꾸준히 연습하면 잘 탈 수 있을 거예요!

옳지, 옳지! 나랑 친구가 되자꾸나.

첫째, 말과 먼저 친해져요.
부드럽게 쓰다듬거나 어루만져 주면 말이 좋아해요.

둘째, 말 옆쪽에서 등자를 밟고 말 안장에 깊숙이 올라타요.

셋째, 고삐를 꽉 잡고 자세를 잡은 후 힘차게 달려요. 머리를 세우고 턱을 당긴 상태로 눈은 멀리 쳐다봐요.

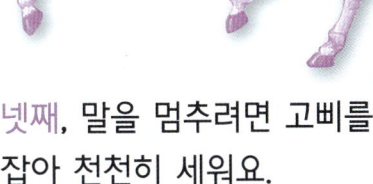

넷째, 말을 멈추려면 고삐를 잡아 천천히 세워요.

공주의 마음가짐은 무엇일까요

백성들을 잘 섬기고 감사한 마음을 가져요
공주가 좋은 옷을 입고 맛있는 음식을 먹는 것은
백성들이 일해서 낸 세금 덕분이에요. 그러므로 백성들을
잘 섬기고 감사한 마음을 가져야 해요.

아낌없이 나누고 베풀어요
공주는 아낌없이 나누고 베풀 줄 알아야 해요.
검소하게 생활해야 백성들과 나눌 여유가 생겨요.

생명을 소중히 여겨요
공주는 동물과 식물을 함부로 대하지 않아야 해요. 모든 생명은
귀하기 때문이에요. 생명을 소중히 여기는, 마음씨 고운 사람이 되어요.

용기 있고 당당한 태도를 가져요
공주로서 언제나 용기 있고 당당한 태도를 가져야 해요.
상대에게 주는 신뢰감도 이런 태도에서 나와요.

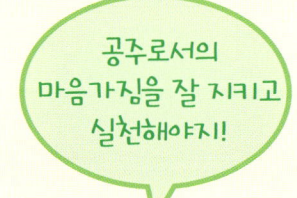

공주로서의 마음가짐을 잘 지키고 실천해야지!

잘 생각하고 행동해요
공주로 살다 보면 나라를 위해 행동해야 할 때가 많아요.
나의 생각이 사람들에게 영향을 미치므로 무슨 일이든지
잘 생각한 후에 실천에 옮겨야 해요.

책을 많이 읽어요
가뭄, 홍수, 전쟁, 질병 등 나라에 위기가 생길 때가 많아요.
지혜의 창고인 책을 많이 읽으면 위기를 이겨내는 데
힘을 보탤 수 있어요.

탄생석에 담긴 마법의 힘

공주의 장신구인 티아라, 목걸이, 반지, 귀걸이 등에는 아름다운 보석들이 박혀 있어요. 옛날부터 사람들은 빛나는 보석에 신기한 마법의 힘이 있다고 여겼어요. 그래서 일 년 열두 달의 탄생석을 정해 놓고 자신의 탄생석을 몸에 지니고 다녔지요. 탄생석이 뜻하는 좋은 일이 생긴다고 믿었기 때문이에요.

나의 탄생석은 무엇인가요?

1월 석류석 (사랑, 성공, 우정)   2월 자수정 (평화, 성실)   3월 아콰마린 (용감, 총명)   4월 다이아몬드 (지성, 순결)

5월 에메랄드 (행운, 행복)   6월 진주 (부귀, 장수)   7월 루비 (열정)   8월 페리도트 (행복, 사랑)

9월 사파이어 (불변, 자애)   10월 오팔 (희망, 순결)   11월 토파즈 (희망, 우애)   12월 터키석 (성공)

언니가 결혼식을 올려요

루안 언니의 결혼식 준비가 시작되었어요.
이웃 나라에 초대장 보내기, 아름다운 웨딩드레스 맞추기,
결혼식장으로 사용할 궁전의 정원 멋지게 꾸미기,
결혼식 날 손님들이 드실 맛있는 음식 만들기 등
궁전 안은 들썩들썩 온통 잔치 분위기랍니다.
이제 모든 준비가 끝나고, 언니의 결혼식만 남았어요.

이제 나의 아내가 되는 루안 공주를 소중히 아끼고 사랑해야지!

예쁜 아가도 낳고 행복하게 잘 살아야지!

 ## 루안공주의 결혼 일기

결혼 일 년 전
금빛 나라의 에드워드 왕자님이 수행원들을 데리고 나에게 구혼을 하러 왔다. 왕자다운 기품을 갖춘 멋진 에드워드 왕자님! 마음씨도 따뜻한 분일까? 내일 밤 무도회가 정말 기다려진다.

결혼 일곱 달 전
지참금 문제가 해결되었다. 에드워드 왕자님이 아버지에게 아무것도 받지 않겠다고 말했다. 왕자님에게 감사 편지를 보내야지.

결혼 여섯 달 전
왕자님의 편지가 도착했다. 반듯하고 정성이 담긴 글씨. 다시 볼 날을 간절히 기다린다고 한다. 나도 설레고 너무 기다려진다.

결혼 석 달 전
약혼식 날, 왕자님이 나에게 준 반지에는, '영원히 당신만을 사랑합니다' 라는 글이 새겨져 있다. 아, 정말 행복해!

결혼 한 달 전
금빛 나라에서 보낸 보석함이 왔다. 티아라, 목걸이, 귀걸이, 반지, 팔찌 등이 들어 있다. 얼마나 아름다운지 모른다. 이 장신구들로 예쁘게 꾸미고 결혼식장에 들어서야지!

초대장

푸른빛 나라 루안 공주와
금빛 나라 에드워드 왕자의
멋진 결혼식에 초대합니다.

결혼 반지
옛날 영국에서는 약혼식과 결혼식 때 같은 반지를 사용했어요. 약혼식 날 예비 신부에게 반지를 주고, 결혼식 날에는 그 반지에 축복을 내리며 신부 손가락에 끼워 주었지요. 반지 안쪽에는 신랑의 마음을 담은 말이 새겨져 있었어요.
'영원히 당신만을 사랑합니다.'

공주의 지참금
공주는 시집갈 때 신랑의 나라에 지참금을 주었어요. 지참금은 옷감, 가축, 곡식, 돈, 땅 등이었어요. 유럽의 오스트리아 왕실은 결혼 지참금을 받아 땅이 넓어지기도 했어요. 오늘날에도 인도나 방글라데시에서는 신부가 신랑 집에 지참금을 준답니다.

드레스 속에는 무엇을 입었을까요

팬티

사람들이 지금처럼 짧은 팬티를 입은 것은 백 년도 되지 않았어요. 1800년대에 들어 몸을 보호하고 활동하기 좋도록 반바지 모양의 속옷을 입기 시작했지요. 이후 점차 길이가 짧아져 지금의 팬티가 되었답니다.

프랑스의 마리 앙투아네트 왕비가 살았던 1700년대만 해도 유럽의 여성들은 대부분 팬티를 입지 않았어요.

1800년대

1900년대

1950년대

1970년대 이후

코르셋

배와 허리 둘레를 졸라 매어 허리를 가늘어 보이게 하는 옷이에요.
잘록한 허리가 아름답다고 생각한 사람들은 강철, 고래 뼈 등으로
코르셋을 만들어 입기 시작했어요. 그래서 소화가 안 되거나
숨쉬기 어려웠고, 갈비뼈가 부러지기도 했어요.

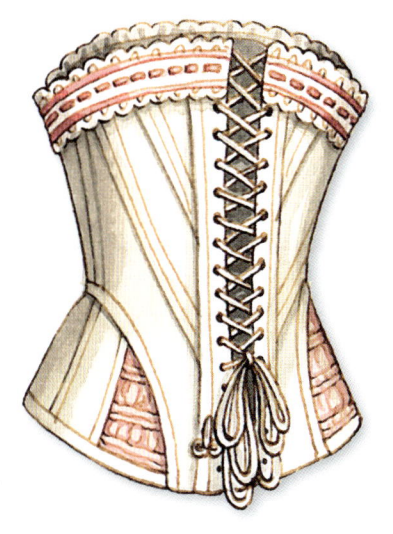 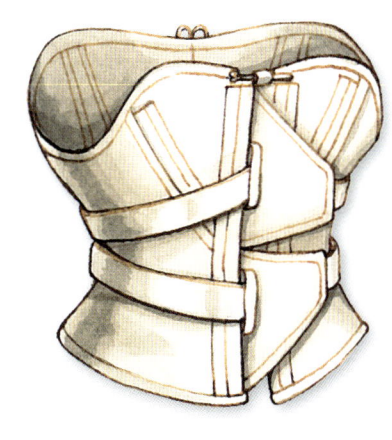 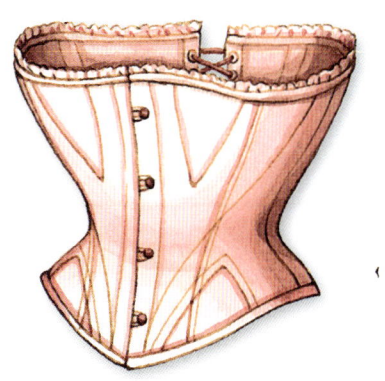

가터벨트

1700년대에는 남자들도 스타킹을 신었어요.
사냥을 하거나 운동을 할 때면 스타킹이 줄줄
흘러 내렸는데, 가터벨트가 스타킹을 고정해
주었지요. 1900년대에 들어와서 가터벨트는
여성 패션용품으로 자리잡게 되었어요.

🍂 스커트 버팀대

코르셋과 함께 등장한 스커트 버팀대는 날씬한 허리를 돋보이게 하려고 치마를 부풀리기 시작하면서 나타났어요. 스커트 버팀대 덕분에 치마를 입은 모습이 더욱 풍성하고 아름다워 보였답니다.

힘들다! 스커트 버팀대가 너무 무거워. 나뭇가지나 철사, 고래수염과 뼈로 만들어서 그런가 보네.

책읽기가 제일 좋아요

공주에 관한 책을 읽고 싶어 왕실 도서관에 왔어요. 공주라면 틈틈이 책을 읽어 교양과 지식을 폭넓게 쌓아야 해요. 책 속에는 내가 모르는 세상의 다양한 지식들이 담겨져 있어 배울 점이 참 많아요. 와, 내가 좋아하는《신데렐라》책이 여기에 있네요.《백설 공주》,《인어 공주》,《라푼첼》,《엄지 공주》도 밤 늦게까지 불을 밝혀 가며 열심히 읽던 책이에요. 이렇게 재미있는 책들은 누가 썼을까요?

왕실 도서관
왕실 도서관에는 나라를 다스리는 데 필요한 책들이 있어요. 책 외에도 지도, 문서, 그림, 편지 등 다양한 자료들이 보관되어 있지요. 왕은 나라를 잘 다스리기 위해 많은 자료들을 기록하고 보관해야 했답니다.

 공주 이야기를 쓴 작가들

샤를 페로 프랑스

프랑스에서 태어난 샤를 페로는 《페로 동화》로 유명한 동화작가야. 옛날부터 전해 내려오는 옛이야기에다가 자신의 생각을 덧붙여 책을 썼지. 《신데렐라》, 《잠자는 숲 속의 공주》, 《장화 신은 고양이》, 《빨간 모자》 등이 대표작이란다.

그림 형제 독일

독일에서 태어난 야코프 그림과 빌헬름 그림은 사이가 좋은 친형제야. 그림 형제는 200편이 넘는 독일의 옛이야기를 모아서 새롭게 동화로 썼지. 《백설공주》, 《개구리 왕자》, 《라푼첼》, 《늑대와 일곱 마리 아기염소》, 《브레멘 음악대》, 《헨젤과 그레텔》 등이 그들의 작품이란다.

안데르센 덴마크

안데르센은 덴마크의 가난한 집안에서 태어났어. 어려서부터 자신이 만든 상상의 세계에서 지내곤 해서 친구들에게 따돌림도 많이 받았지. 그래도 틈틈이 책을 읽고 글을 써 결국 많은 사람들의 사랑을 받는 동화작가가 되었어. 《성냥팔이 소녀》, 《인어 공주》, 《엄지 공주》, 《벌거벗은 임금님》, 《미운 아기 오리》 등의 작품을 남겼단다.

책으로 나온 공주 이야기

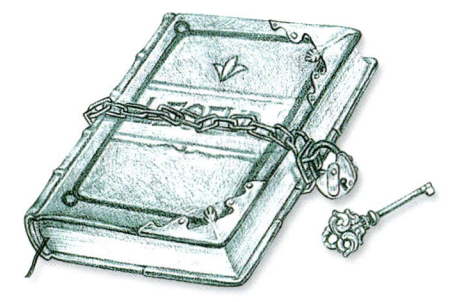

중세 시대만 해도 책은 아주 귀했어요.
도둑맞지 않도록 자물쇠로 채우기도 했지요.
당시 중국에는 종이가 나왔지만 유럽에는
전해지지 않았고, 인쇄술도 발달하지 않았어요.

책을 만들려면 한 자 한 자 손으로 써야 했어요.
그러면 어떻게 공주 이야기가 널리 전해졌을까요?
사람들이 입에서 입으로 전하거나 종이 대신 양피지에
적기도 했어요. 양이나 염소 가죽으로 만든 양피지는
비쌌어요. 그래서 책은 궁이나 수도원에서만 봤지요.

책이 귀해서 백성들은 책을 볼 기회가 거의 없었어요.
1445년 유럽에서는 독일인 구텐베르크가 인쇄술을 발명하면서
똑같은 내용을 여러 장 찍어 내는 기술이 생겨났어요. 그래서
많은 사람들이 책을 읽을 수 있게 되었답니다.

공주 퍼즐

● 가로
1. 인어 공주가 사람이 되기 위해 마녀에게 준 것은?
3. 밤 12시를 알리는 종이 치기 전에 신데렐라가 계단에 떨어뜨리고 간 것은?
5. 일곱 난쟁이와 사는 공주의 이름은?
6. 왕이 머리에 쓰는 관은?
7. 공주의 어머니를 뭐라고 부를까?
8. 《인어 공주》를 쓴 작가의 이름은?
10. 인어 공주처럼 물속에서 헤엄치는 것을 뭐라고 할까?
12. 높은 탑에 갇혀 사는 머리카락이 긴 공주의 이름은?
14. 손가락 크기만큼 작은 공주의 이름은?

● 세로
2. 이 책 공주박물관에 나오는 주인공의 이름은?
3. 사과를 먹고 쓰러진 백설 공주가 누워 있던 관은?
4. 공주에게 황금 공을 찾아 준 개구리가 멋진 왕자로 변하는 책 제목은?
5. 지크프리트 왕자와 백조로 변하는 공주가 나오는 책 제목은?
9. 유리 구두 덕분에 왕자와 결혼하는 아가씨의 이름은?
11. 역사상 훌륭한 지도자로 손꼽히는 엘리자베스 1세의 나라는?
13. 엄지 공주가 결혼해야 하는, 땅속에 사는 동물의 이름은?

책속의 책 1

"사랑스러운 우리 공주를 위해 큰 잔치를 열어야겠소!"

멀고 먼 옛날, 어느 왕국에 서로를 사랑하는
왕과 왕비가 살았어요. 세상 부러울 것 없는
이 왕과 왕비에겐 한 가지 고민이 있었지요.
"제발 아이를 갖게 해 주세요."
간절한 소원이 하늘에 닿았는지,
드디어 예쁜 공주님이 태어났어요.
"공주의 탄생을 축하하는 잔치를 열도록 하라!"
왕과 왕비는 기뻐서 잔치를 열었고, 공주를 축복해 줄
요정들을 초대했어요. 그런데 잔치에 초대받지 못한
마음씨 나쁜 요정이 나타났어요.

"감히 나를 빼고 잔치를 벌이다니, 용서할 수 없다! 축복 대신 저주를 내려주마. 공주는 열여섯 살 생일이 되면 물레바늘에 찔려 죽게 될 것이다!"

왕국은 순식간에 큰 혼란에 휩싸였지요.
그때 마지막 요정이 나타나 말했어요.
"아직 축복이 끝나지 않았어요.
나쁜 요정의 저주는 워낙 강해 풀 수가 없어요.
하지만 제가 저주를 약하게 해보겠어요.
공주님은 물레바늘에 찔려 죽지 않고 백 년 동안 잠들게 될 거예요.

그리고 백 년 후 한 왕자님이 나타나,
공주님을 잠에서 깨워 줄 거예요."
공주는 무럭무럭 자라서 어느새 열여섯의
나이가 되었어요. 어느 날 왕과 왕비가 잠시
성을 비운 사이, 성 안에서 뛰놀던 공주는
성 맨 꼭대기에 있는 물레를 보고 말았어요.
결국 공주는 물레바늘에 찔리고 깊은 잠에
빠져버렸지요.
소식을 전해 들은 마지막 요정은 백 년 뒤
혼자 깨어날 공주가 너무 걱정되었어요.
그래서 성 안에 있던 모든 사람들을
잠재우고, 성을 가시덤불로 덮어버렸지요.

백 년이 지난 어느 날, 한 왕자가 가시덤불로 뒤덮인 성을 발견했어요.
"이곳이 바로 아름다운 공주가 잠들어 있다던 전설의 성이로구나."
왕자는 칼로 가시덤불을 헤치며 용감하게 성 안으로 들어갔어요.
"오, 정말 아름다운 공주로구나.
소문이 사실이었네."
왕자의 입맞춤에 공주가 스르르 깨어났어요.
이때 성안의 모든 사람들도 잠에서 깨어났지요.
"공주, 나와 결혼해 주겠소?"
드디어 공주와 왕자의 화려한 결혼식이
열렸어요. 서로를 바라보는 두 사람의 눈에는
행복이 가득 차올랐답니다.

❶ 🌸 백설 공주 🌸

아름다운 어느 왕국에 공주님이 태어났어요. 흰눈처럼 새하얀 피부를 가져 '백설 공주'라 불렀지요.
공주에겐 마법을 부리는 고약한 마음씨의 새 어머니가 있었어요. 늘 거울을 보며 이 세상에서 누가 가장 예쁜지 물어보는 왕비였지요. 그날도 거울에게 같은 질문을 하던 새 왕비는 깜짝 놀라고 말았어요.
"이 세상에서 가장 예쁘신 분은 바로 백설 공주입니다."
"뭐라고! 그게 사실이냐? 참을 수 없다. 나보다 더 예쁘다니!"
화가 난 왕비는 사냥꾼을 불렀어요. 그리고 아무도 모르게 백설 공주를 해치우라고 명령했지요.
사냥꾼은 백설 공주가 너무 불쌍해서

❷

차마 그럴 수가 없었어요.
"공주님, 새 왕비님이 공주님을 없애려고 합니다. 어서 숲 속으로 도망치세요. 다시는 성으로 돌아오지 마세요."

사냥꾼에게서 무사히 풀려난 공주는 숲 속 어느 집으로 들어갔어요. 그 집은 일곱 난쟁이의 집이었지요. 백설 공주의 슬픈 사연을 다 듣고 난 난쟁이들은 백설 공주와 함께 생활하게 되었어요.
백설 공주는 난쟁이의 집에서 청소와 요리도 하며

❸

즐거운 시간을 보냈답니다.
한편 새 왕비는 백설 공주가 살아 있다는 사실을 알게 되었어요.
머리끝까지 부들부들 화가 난 새 왕비는 직접 백설 공주를 없애야겠다고 굳게 마음먹었답니다.

"사과 사세요, 달콤한 사과 사세요! 얼마나 맛있는지 몰라요." 새 왕비는 사과 장수로 꾸미고 숲 속 난쟁이 집에 사는 백설 공주를 찾아갔어요.
독이 든 사과를 받아먹은 백설 공주는

❹ 그 자리에 쓰러지고 말았어요.
"흑흑, 공주님! 백설 공주님, 제발 눈 좀 떠보세요!"
일을 마치고 집에 돌아온 난쟁이들은 깜짝 놀라고 말았어요. 슬픔에 휩싸인 난쟁이들은 하염없이 울고 또 울며 백설 공주를 유리관 속에 눕혔지요.
그때, 근처를 지나가던 한 왕자님이 유리관 속의 백설 공주를 보게 되었어요.
"이 아름다운 분은 누구시오?"
그 동안의 이야기를 전해 들은 왕자님은 백설 공주를 안아 일으켰어요.

그러자 공주의 목에 걸려 있던 사과 조각이 툭 튀어나왔지요.
다시 살아난 백설 공주는 왕자님과 결혼식을 올린 뒤, 행복하게 잘 살았답니다.

신나는 무도회에 가요!

내가 좋아하는 동화 속 공주들이 모두 한자리에 모여 무도회를 열었어요. 백설 공주, 신데렐라, 인어 공주, 라푼첼, 엄지 공주, 그리고 개구리 왕자에 나오는 막내 공주와 백조의 호수에 나오는 오데트 공주도 음악에 맞추어 흥겹게 춤을 추고 있어요. 와, 동화 작가들과 동화 속 주인공들도 왔네요. 이렇게 즐겁고 신나는 무도회는 처음이에요!

*무도회 그림에서 동화 속 주인공과 동화작가들을 찾아보세요. 다 찾았나요? 찾기 힘들다고요? 천천히 다시 한 번 찾아보세요!

동화작가 : 그림 형제, 샤를 페로, 안데르센
동화 속 주인공들 : 헨젤과 그레텔, 빨간 모자, 브레멘 음악대, 장화 신은 고양이, 라푼첼, 신데렐라, 오데트 공주, 개구리 왕자, 백설 공주와 일곱 난쟁이, 늑대와 일곱 마리 아기 염소, 인어 공주, 엄지 공주

책속의 책 2

옛날 어느 마을에 꽃을 키우며 혼자 사는 아주머니가 있었어요.
아이를 갖고 싶던 아주머니는 요술쟁이 할머니를 찾아갔어요.
"이 꽃씨를 심고 정성껏 키워 봐요. 소원이 이루어질 거예요."
집으로 돌아온 아주머니는 화분에 꽃씨를 심었어요.
이윽고 싹이 터서 꽃봉오리 하나가 맺혔고, 그 속에서
작고 귀여운 여자 아이가 태어났지요.
아주머니는 아이의 이름을 '엄지 공주'라고 불렀어요.

어느 날 밤, 엄지 공주가 잠들어 있을 때였어요. 울퉁불퉁한 두꺼비
한 마리가 유리창 너머로 엄지 공주의 모습을 보았지요.
"어머, 정말 귀여운 아이네. 데려가서 아들 색시로 삼아야지."
두꺼비 집에서 눈을 뜬 엄지 공주는 깜짝 놀라고 말았어요.
"넌 이제부터 내 색시야. 내 말 잘 들어! 꾸룩꾸룩."
엄지 공주는 두꺼비를 보자 무섭고 슬펐어요.
"엄마, 어디 계세요? 저, 너무 무서워요. 흑흑흑."
그 모습을 본 연못 속의 가재가 엄지 공주를
도와주기로 마음먹었어요.
"제가 연꽃 줄기를 잘라 드릴게요.
멀리멀리 떠나서 행복하게 사세요."

안녕, 가재야!
도와줘서 고마워.
잘 지내.

> 날도 추운데 따뜻한 우리 집에서 보내렴.

추운 겨울이 찾아왔어요. 엄지 공주는 더 이상 떠돌아다닐
힘이 없었어요. 그때, 친절한 들쥐 아주머니를 만났지요.
엄지 공주는 들쥐 아주머니의 집에서 하루하루
즐거운 시간을 보냈답니다.

엄지 공주는 들쥐 아주머니의 이웃인
두더지와 결혼하기로 마음먹었어요.
두더지는 싫었지만, 친절을 베풀어 준
들쥐 아주머니를 실망시킬 수 없었거든요.
그러던 어느 날 제비가 찾아와 말했어요.
"엄지 공주님, 저예요. 예전에 공주님이
저의 아픈 날개를 치료해 주셨지요?
저와 함께 따뜻한 남쪽나라로 떠나요.
그곳의 왕자님도 엄지 공주님을
보고 싶어 한답니다."
제비의 간청에 엄지 공주는
남쪽 나라로 떠나기로 결심했어요.

> 꽃의 여왕이 된 것을 진심으로 축하해요!

제비 등에 타고 드디어 남쪽 나라에 도착했어요.
남쪽 나라는 온갖 색깔의 꽃들이 피어나고, 꽃들 사이로
수많은 요정들이 날아다니는 '요정의 나라'였지요.
"나는 이 나라를 다스리는 왕자입니다. 마음씨 착한
당신의 이야기는 많이 들었어요. 아름다운 아가씨,
저와 결혼해서 꽃의 여왕이 되어 주세요."
엄지 공주는 기뻐하며 왕자의 청혼을 받아들였어요.
엄지 공주와 왕자는 결혼하여 행복하게 잘 살았답니다.

❶

라푼첼

옛날 어느 마을에 착한 나무꾼과 예쁜 아내가 살았어요. 아이를 갖게 된 아내는 잘 먹지도 못하고 끙끙 앓았어요. 어느 날, 마녀의 정원에서 상추를 본 아내는 혼잣말로 상추가 먹고 싶다고 말했어요. 안타까웠던 나무꾼은 마녀 몰래 상추를 뽑아 아내에게 먹였지요. 하지만 마녀가 그 사실을 알고 나무꾼에게 화를 내며 말했어요.

"괘씸한 것, 내 정원에서 상추를 뽑아 가던 녀석이 바로 너구나!"
마녀는 몰래 상추를 뽑아 먹은 대가로

❷

태어날 아이를 달라고 했어요.
"이 아이는 상추를 먹고 태어났으니 '라푼첼'이라 부르겠다. 아이를 찾을 생각은 절대 하지 말거라." 마녀는 나무꾼 부부로부터 라푼첼을 빼앗아 탑에 가두었어요. 탑에서 라푼첼은 금빛 머리카락을 늘어뜨린 아름다운 여인으로 성장했답니다.
어느 날 마녀는 탑 아래에서 크게 소리쳤어요.
"라푼첼, 탑에 올라가게 머리카락을 내려다오."

그 모습을 지나가던 왕자가 보았지요. 왕자는 한눈에 라푼첼에게 반했어요. 왕자는 매일 탑 위로 올라와 라푼첼과 함께 웃고 이야기하며 사랑을 키워 나갔어요. 라푼첼과 왕자가 만난다는 사실을 알게 된 마녀는 펄쩍펄쩍 뛰었어요. 라푼첼이 키워 준 은혜도 모른다며 버럭버럭 화를 냈지요.
"이 고약한 것,

❸ 너에게 벌을 내리겠다. 다시는 왕자를 만나지 못할 거야!"
마녀는 라푼첼의 머리카락을 짧게 잘랐어요. 그리고 먼 곳으로 쫓아냈지요.

잘려진 라푼첼의 머리카락으로 머리를 곱게 땋은 마녀는 왕자를 기다렸어요.
"네가 그 왕자냐? 다시는 라푼첼을 볼 수 없게 해 주겠다!"
마녀는 탑 위로 올라오던 왕자를 아래로 밀어버렸답니다.
가시덤불로 떨어진 왕자는 눈이 멀고 말았어요. 하지만 라푼첼에 대한 마음은 변함이 없었지요.
"포기하지 않겠어. 꼭 라푼첼을 찾고 말테야!"
어느 날 눈이 먼 왕자와 다시 만나게 된 라푼첼은 하염없이 울었어요.

❹

그때, 신기한 일이 일어났어요.
라푼첼의 눈물이 왕자의 눈에 닿자, 왕자의 눈이 보이기 시작한 거예요.

라푼첼과 왕자는 결혼해서 다시는 헤어지지 않고 행복하게 살았답니다.

백조의 호수

왕자님, 못된 마법사의 무서운 저주를 꼭 풀어 주세요!

어느 왕국에 지크프리트라는 젊고 씩씩한 왕자가 살았어요. 왕자에게 어느 날 고민이 생겼어요. 무도회에서 자신의 뜻과는 달리 결혼 상대를 찾으라는 여왕의 명령이 있었거든요. 왕자는 사랑하지도 않는 사람과 결혼해야 한다는 사실에 너무나도 괴로웠어요.

사냥을 떠난 왕자는 달빛이 비치는 고요한 호수에서 백조들을 발견했어요. 가장 크고 아름다운 백조를 겨냥하는 순간, 왕자는 말할 수 없이 예쁘고 기품 있는 아가씨로 변하는 백조를 보고 사랑에 빠져버렸답니다.

"저는 오데트 공주라고 합니다.
나쁜 마법사의 청혼을 거절한 이유로
낮에는 이렇게 백조로 지내고 있어요."
"이럴 수가! 공주, 당신의 저주를 풀
방법은 없나요?"
"딱 한 가지 방법이 있어요. 왕자님께서
많은 사람 앞에서 저에게 사랑의 맹세를
하시면 된답니다."
"알겠소, 내일 밤 궁전에서 무도회가
열릴 거요. 그때 사랑의 맹세를
할 테니 꼭 와 주시오!"

감히 오데트 공주와 결혼을 하겠다고? 어림도 없다!

사랑하는 사람과 결혼할지도 모른다는 생각에
왕자의 가슴은 쿵쾅쿵쾅 뛰었어요.
다음날 밤, 성에서 무도회가 열렸어요.
그때, 오데트 공주가 나타났어요. 기쁜 마음에
쏜살같이 달려가던 왕자는 큰 소리로 외쳤어요.
"저는 이 아가씨를 사랑합니다. 이 아가씨와 꼭 결혼하겠습니다!"
하지만 그 여인은 마법사의 딸이었어요. 오데트 공주와 왕자의 사랑을
막기 위한 마법사의 속임수였지요. 그 모습을 진짜 오데트 공주가
보고 오해를 하게 되었답니다.
'아! 내가 진짜 오데트 공주를 알아보지 못했어. 나쁜 꾀에 빠졌구나!'
이 사실을 알게 된 지크프리트 왕자는 마법사와 치열한 싸움을 벌였어요.
자꾸만 모습을 바꾸는 마법사와 싸워 결국 왕자는 마법사를 무찔렀답니다.

왕자는 공주에게로 달려가 마법사에게 속은
자신의 잘못을 사과하고 용서를 구했어요.
그리고 공주에게 사랑의 맹세를 했답니다.
호수의 요정은 왕자와 공주의 사랑에 감동했어요.
그래서 공주에게 씌워진 못된 저주를 풀어 주었지요.
이제 두 사람의 사랑을 방해하는 것은 아무것도
없었어요. 오데트 공주와 지크프리트 왕자는
평생 사랑하면서 살기로 굳게 약속했답니다.

배움의 길을 찾아 떠나요

굳세고 지혜로운 공주가 되기 위해 부모님 곁을 떠나 더 넓은 세상으로 나아가 배워 보기로 했어요. 세계 곳곳의 수준 높은 문화와 예술, 교육과 철학, 생활을 풍요롭게 해 주는 과학과 의료기술, 가난하고 힘없는 사람들을 도와주는 따뜻한 마음씨까지 말이에요. 열심히 노력하는 사람만이 꿈을 이룰 수 있다고 굳게 믿어요.

많이 보고, 듣고, 배우고, 건강하게 잘 다녀 오렴!

그랜드 투어

18~19세기 유럽의 왕족이나 귀족 자녀들의 교육 여행을 말해요. 귀족 자녀들은 가정교사와 함께 유럽 곳곳을 여행하며 직접 보고, 듣고, 느끼고, 배웠어요. 짧게는 몇 개월에서, 길게는 6~7년까지도 걸리는 체험학습 여행이었답니다.

공주처럼 함께 따라해 볼까요

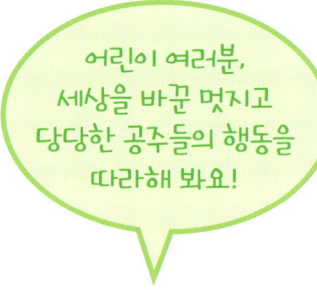
어린이 여러분, 세상을 바꾼 멋지고 당당한 공주들의 행동을 따라해 봐요!

자기 자신을 사랑해요
공주처럼 나는 아주 귀하고 소중한 사람이에요.
있는 그대로의 내 모습을 아끼고 사랑해 봐요.
나를 사랑해야 다른 사람도 사랑할 수 있어요.

올바른 행동을 해요
공주는 자기 것만 챙기고, 거짓말을 일삼으며,
다른 사람을 무시하는 행동은 하지 않았어요.
옳고 그름을 잘 판단해서 바르게 행동하도록 노력해 봐요.

너그러운 마음을 가져요
공주는 상대가 잘못을 저지르거나 실수를 해도
큰 소리로 야단치거나 하지 않았어요. 잘못한 일은
용서하고, 잘한 일은 칭찬하는 너그러움을 가져 봐요.

밝고 환하게 웃어요
공주들은 환하게 웃으며 사람들을 대하려고
노력했다고 해요. 밝고 환하게 웃으면 주변으로
웃음이 번져 나가 모두 행복해질 거예요.

오늘 할 일을 미루지 말아요
공주처럼 오늘 할 일을 내일로 미루지 말고
열심히 해봐요. 하루하루 주어진 일을 성실히 하다 보면
나도 바꾸고 세상도 바꾸어 나갈 수 있어요.

꿈을 가지고 노력해요
세상을 바꾼 공주들처럼 원하는 것이 무엇인지, 꿈을 가져 봐요. 꿈을 갖고 실천해 나가다 보면, 사람들에게 도움이 되는 일을 할 수 있어요.

다른 사람의 본보기가 되어요
공주는 남보다 앞장서서 본보기를 보여주곤 했어요. 공주처럼 사람들은 먼저 본보기를 보여주는 사람을 잘 믿고 따르므로 나도 그렇게 되도록 노력해 봐요.

긍정적인 생각을 해요
긍정적인 생각을 하면 즐겁고 활기차게 하루를 보낼 수 있어요. 속상한 마음은 접고 밝고 활기찬 공주들처럼 나도 긍정적인 생각을 가져 봐요.

다른 사람을 배려해요
따뜻한 마음씨를 가진 공주들처럼 다른 사람을 돕거나 보살펴 주는 배려심을 가져 봐요. 그러려면 상대에게 관심을 가지고 상대의 마음을 헤아릴 줄 알아야 해요.

약속을 잘 지켜요
약속을 잘 지키는 사람들을 보면 신뢰가 생겨서 좋은 관계를 맺을 수 있어요. 약속을 잘 지킨 공주들처럼 나도 약속을 잘 지켜 봐요.

타고난 신분이 중요했던 시대

옛날에는 타고난 신분이 아주 중요했어. 왕이나 귀족 집안에서 태어나는 것과 평범한 백성의 집에서 태어나는 것은 하늘과 땅만큼의 엄청난 차이였지. 농민의 자녀로 태어나면 동트는 새벽부터 해지는 밤까지 일을 해야 했어. 열심히 일을 하고도 배불리 먹거나 좋은 옷을 입을 수는 없었어. 백성들이 일해서 거둔 곡식의 대부분은 나라에 세금으로 바쳐졌지. 모든 것은 왕의 소유였어. 땅도, 숲도, 숲에서 뛰노는 동물들과 물속을 헤엄치는 물고기까지 말이야. 이런 시절에 공주처럼 높은 신분으로 태어난다는 것은 정말 행운이었단다.

공주의 신분으로 태어난 것은 정말 행운이었어요.

▲ 프랑스 부르봉 왕가 카를로스 4세 가족의 모습이야. 왕족은 호화로운 궁전에서 모든 것을 누리고 살았어.

▲ 신분이 낮은 사람들은 새벽부터 밤 늦게까지 쉬지 않고 일을 했어. 명화 〈이삭 줍는 여인〉의 농민들처럼 말야.

요즘에도 공주가 살고 있는 나라

아직도 멋진 궁전에 공주가 살고 있을까? 동화 속 공주나 과거에 살았던 공주가 아니라, 우리처럼 지금도 어딘가에서 살고 있는 진짜 공주들 말이야. 요즘도 전 세계 190여 개국 중 40여 개의 나라에는 여전히 공주가 살고 있어. 하지만 그 나라들은 자꾸 줄어가고 있어. 그래서 하루아침에 왕족에서 평범한 시민이 되기도 한단다.

드로트닝홀름 궁

▲ 아름다운 호수와 푸른 숲에 둘러싸인, 현재 스웨덴 왕실의 궁전이란다.

스웨덴, 마들렌 공주

에스파냐, 크리스티나 공주

요르단, 하야 공주

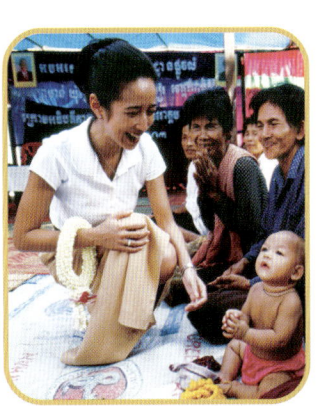

캄보디아, 노로돔 공주

노르웨이, 마르타 공주

▼ 노르웨이 국왕의 공식 관저인 노르웨이 궁의 모습이야.

▲ 프랑스 나폴레옹 황제의 대관식(1804) 장면이란다.

이젠 모든 힘이 왕이 아닌 국민에게 있어

옛날에는 왕이 백성을 돌보고 나라를 다스렸어.
전쟁으로부터 백성을 지켜주는 게 왕의 일이었지.
그 대가로 백성들은 열심히 농사지은 것들을
왕에게 바쳤지. 왕은 왕위를 자식에게 물려주었어.
또 그 아들 역시 자식에게 왕위를 물려주었고 말야.
옛날 사람들은 왕을 신처럼 믿고 따르며 복종했지만
세월이 흐르면서 사람들의 생각은 달라졌어.
자신의 이익을 더 챙기는 왕에게 실망한 거지.
또 사람은 왕으로 태어나든 백성으로 태어나든,
똑같이 존중받아야 할 귀한 존재임을 알게 되었어.
더 이상 모든 것의 주인이 왕이라고 여기지 않았지.
모든 힘은 백성 즉 국민에게 있고, 국민이 뽑은 대표가
나라를 이끌어야 한다고 생각했어. 그래서 지금은
대통령, 총리, 수상 등이 나라를 이끌고 나간단다.

▲ 오늘 날 영국의 기틀을 마련한 엘리자베스 1세 (1533~1603) 여왕이야.

군주제
한 나라의 주인은 왕이에요. 왕 한 사람에게 모든 권력이 있고,
그 권력은 주로 대를 이어 세습되어요.

입헌 군주제
왕은 법에서 정해진 제한된 권력만 가져요. 실질적인 힘은 거의 없고,
상징적인 존재로만 남아 있을 뿐이에요.

공화제
한 나라의 주인은 국민으로, 국민이 뽑은 대표가 나라를 이끌어요. 한 사람의
대표를 뽑는 대통령제와 다수당의 대표인 총리나 수상을 뽑는 의원내각제가 있어요.

▼ 남아프리카 공화국의 대통령이었던 넬슨 만델라 대통령이야.

🐥 왕은 존재하되, 다스리지 않아!

요즘 대부분의 나라에서는 국민이 뽑은 대표들이 나라 일을 돌봐. 하지만 왕실을 그대로 유지하는 나라들도 있단다. 사우디아라비아, 브루나이, 오만, 카타르, 에스와티니는 모든 권력이 왕에게 있어. 반면 그 외의 나라에서는 왕에게 실질적인 권한이 거의 없단다. 유럽의 에스파냐, 스웨덴, 영국, 벨기에 등이 그래. 또 아프리카의 모로코, 아시아의 일본, 말레이시아, 타이, 쿠웨이트 등이 그렇고 말야. 그래도 왕을 두는 이유는 그 나라의 오래된 역사와 전통, 옛날의 영광이 국민들에게 자부심과 단결된 마음을 가져다 주기 때문이야. 이런 저런 이유로 왕과 왕비, 왕자와 공주가 존재하고 있는 거란다.

지도에서 공주들이 살고 있는 나라를 찾아 볼까?

🫖 알고 보면 서로 친척인 유럽의 왕실

오스트리아의 합스부르크 왕가는 결혼으로 땅을 넓힌 왕실이야. 많은 왕실들이 결혼을 통해 영토를 넓혔어. 또 왕실간의 결혼으로 자신들의 권력을 지켰지. 왕자와 공주들이 사랑하지 않는 사람과 정략 결혼을 하면서 유럽의 왕실들은 서로 친척이 되었어.

◀ 오스트리아 합스부르크 왕가 마리아 테레지아 여왕의 일가족 모습이야.

왕실에 왕위를 물려줄 아들이 없는 경우에는, 다른 나라에 사는 먼 친척을 데려와 왕위를 이었지. 그러다 보니 한 나라에서 왕위를 이을 아들이 없으면 "내가 바로 다음 왕이 될 자격이 있소!" 하고 왕위 계승권을 주장하며 전쟁으로 이어지곤 했어. 오스트리아의 마리아 테레지아가 왕위에 오르려고 하자, 여러 유럽 왕실들은 여왕의 즉위를 열렬히 반대했어. 결국 왕위 계승 전쟁(1740~1748)이 일어났단다. 마리아 테레지아 공주가 합스부르크 왕가의 왕위를 잇는 것은 옳지 못하다며 강대국들끼리 벌인 전쟁이야.

▼ 에스파냐 펠리페 4세의 딸 마르가리타 공주야.

▼ 오스트리아 합스부르크가의 혈통을 이어받은 에스파냐의 펠리페 4세야.

▼ 1745년 오스트리아 왕위 계승 전쟁 중에 벌어진 퐁트누아 전투야. 프랑스군과 영국·네덜란드 연합군과의 싸움이 벌어졌단다.

유럽의 대표적인 왕가와 문장

유럽의 대표 왕가로는 오스트리아의 합스부르크 왕가, 영국의 튜더 왕가, 프랑스의 부르봉 왕가, 러시아의 로마노프 왕가가 있었어. 나라를 상징하는 국기처럼 그 왕가만의 문장이 있는데 세월이 흐르면서 변했단다.

옛날엔 나라보다 왕실왕가의 개념이 더 강했단다.

합스부르크 왕가

합스부르크 왕가는 13세기부터 20세기 초반까지 오스트리아 왕실이 중심이 된 유럽 최대의 왕가야. 한때 프랑스 왕을 제외한 거의 모든 유럽에 왕을 배출한 영향력 있는 가문이지. 하지만 오스트리아가 제1차 세계대전에서 패하면서 합스부르크 왕가도 없어졌어.

튜더 왕가

헨리 7세 1485~1509 재위로 시작된 튜더 왕가는 영국의 대표 왕가로, 르네상스의 꽃을 피웠어. 영국이 '해가 지지 않는 나라'로 발전할 수 있게 기초를 세웠지. 헨리 8세의 딸 엘리자베스 1세는 왕이 되어 영국을 강대국으로 만들었어. 엘리자베스 여왕 1558~1603 재위의 튜더 왕가를 끝으로 스튜어트 왕가가 문을 열었어.

부르봉 왕가

절대 왕정인 부르봉 왕가의 전제 군주로는 루이 14세 1643~1715 재위가 있어. 베르사유 궁전을 지어 프랑스가 유럽 문화의 중심이 되게 했으나, 화려한 궁정 생활로 프랑스의 재정 결핍을 불러왔지. 프랑스에서 왕정이 사라졌지만, 현재 에스파냐의 왕을 통해 부르봉 왕가가 지속되고 있어.

로마노프 왕가

1613년부터 1917년까지 러시아를 지배한 로마노프 왕가는 러시아의 마지막 왕실이야. 러시아 혁명으로 왕의 직계 가족들이 모두 죽고, 무능한 전제 군주 니콜라이 2세를 마지막으로 왕가도 끝이 났단다.

어떤 공주들이 살고 있을까

전세계에는 요즘도 공주들이 살고 있어.
영국연방을 제외하면 전세계 26개의 나라에
여전히 공주들이 살고 있고 여왕이 되기도 하지!
요즘 공주들은 어떤 옷을 입을까? 직업은 있을까?
아직도 옛날 공주들처럼 다른 나라 왕자들과
정략결혼을 하고 있을까? 궁금하다고?
좋아, 지금부터 공주들 이야기를 들려줄게.

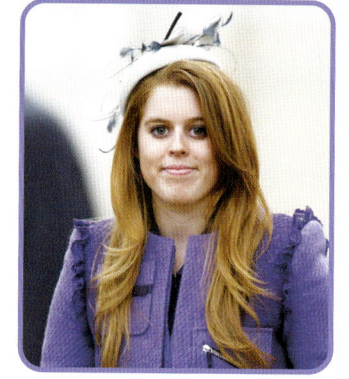

▲ 영국 왕실의 베아트리스 공주야.

영국의 엘리자베스 2세

지금은 세상을 떠난 엘리자베스 2세는 영국인들이
사랑하는 지혜로운 공주이며 여왕이었어. 어려서부터
왕이 되기 위한 교육을 철저히 받으며 자랐단다.
공주의 바쁜 일과 속에서 좋아했던 취미는 말을 타고
달리는 거였어. 제2차 세계대전이 일어났을 때는
직접 군대에 입대해, 트럭 운전수로 활동할 만큼
애국심이 강했지. 결국 영국은 전쟁에서 승리했어.

▶ 왕위를 잇는 엘리자베스 2세의
대관식 때 모습이야.

▼ 영국 왕실의 궁전 앞이란다.
버킹엄 궁전은 늘 관광객들로 북적거려.

그러나 영국은 날이 갈수록 그 권위와 명성이 떨어져 갔어.
인도를 비롯해 많은 식민지들이 영국으로부터 독립했거든.
이때 엘리자베스 2세는 영국연방을 돌며 영국의 이미지를 끌어올렸어.
더불어 현명한 판단과 행동으로 영국 국민들에게 사랑받는 여왕으로서
자리잡았지. 그녀는 영국을 포함한 영국연방 나라들의 여왕이기도 했어.
모두 영국의 식민지였는데 독립 후 영국연방으로 남아 교류를 맺고 있지.
여왕은 영국에서와 같이 이들 나라에서도 실질적인 권한은 거의 없었어.
하지만 영국연방 국가들의 경제와 문화 교류 등에 많은 신경을 썼단다.

노블레스 오블리주
왕족이나 귀족 등 높은 신분의 사람일수록 그 명예에 걸맞는 사회적 책임과 의무를 다해야 한다는 뜻이야. 전쟁이 나면 솔선수범하여 참여하고, 도덕심의 모범이 되었단다.

▲ 영국 여왕 엘리자베스 2세는 어디를 가나 많은 사람들의 환영을 받곤 했단다.

▲ 엘리자베스 여왕이 세상을 떠나자 아들 찰스 왕세자가 왕위에 올랐어.

엘리자베스 2세는 캐나다, 뉴질랜드, 오스트레일리아, 벨리즈, 그레나다, 파푸아뉴기니, 세인트빈센트 그레나딘, 솔로몬 제도, 자메이카, 세인트키츠 네비스, 바하마, 앤티가 바부다, 투발루, 세인트루시아의 여왕이었어.

영국연방(영연방)
영국과 과거 영국의 식민지였던 나라들이 모여서 만들었어. 전 세계 53개국이 가입해 있고, 이 중에는 대통령을 뽑는 나라도 있단다.

영국연방 가입국가 지도야. 가입국들의 사정에 따라 가입과 탈퇴가 번복되거나 보류되어서 지도가 종종 바뀌기도 한단다.

◀ 영국 국기 '유니온 잭'이야. 흰 바탕에 붉은 십자가 모양인 잉글랜드 국기와 파란 바탕에 흰 사선 십자가 모양인 스코틀랜드 국기, 흰 바탕에 붉은 사선 십자가 모양인 아일랜드 국기를 합쳐서 만들었단다.

▲ 빅토리아 공주와 다니엘은 스톡홀름 대성당에서 결혼식을 올렸어.

🌍 스웨덴의 빅토리아 공주

스웨덴의 빅토리아 공주는 아버지를 이어 여왕이 될 공주야. 어려서부터 좋은 교육을 받으며 착실히 생활하고 있었지. 그런데 공주가 사랑에 빠진 남자 다니엘은 미래 여왕의 남편감으론 부족해 보였어. 스웨덴 왕실에서는 절대 허락할 수 없다고 했지. 사람들은 다니엘에게 보잘것없는 개구리가 공주의 입맞춤으로 '개구리 왕자'가 되었다며 짓궂게 이야기했어. 하지만 둘의 사랑은 점점 더 커져갔고, 결국 결혼식을 올리게 되었지. 결혼식을 올린 뒤 다니엘은, "개구리는 아니었지만, 왕자는 더욱더 아닌 한 청년이 빅토리아를 사랑했고, 하나가 된 것이 행복하다."는 말로 공주의 얼굴에 감동의 미소를 안겨 주었단다.

▲ 스웨덴의 빅토리아 공주와 남편 다니엘의 모습이야.

모나코의 아름다운 두 공주

유럽의 작은 나라 모나코의 캐롤라인 공주와
스테파니 공주의 어머니는 '그레이스 켈리'야.
그레이스 켈리는 아름다운 외모와 멋진 연기로
최고의 인기를 누리던 미국의 영화배우였어.
인기 절정의 시절에 레니에 3세를 만나 결혼하면서
모나코의 왕비가 되었지. 캐롤라인과 스테파니 공주는
어머니를 닮아 모두 아름답고 우아한 외모를 가졌어.
캐롤라인 공주는 한때 디자이너로서 일했고,
스테파니 공주는 가수와 모델로 활동한 적이 있으며
지금은 동물보호 운동과 에이즈 재단에서
열심히 일하고 있단다.

▲ 모나코 왕비 그레이스 켈리의 가족 사진이야.

▲ 미국의 영화배우이자 모나코의 왕비인 그레이스 켈리의 아름다운 모습이야.

▲ 그레이스 켈리 왕비의 외모를 물려받은 캐롤라인 공주란다.

▲ 가수로 활동했던 시절의 스테파니 공주야.

네덜란드 베아트릭스 여왕

네덜란드의 베아트릭스 여왕은 공주 시절부터 다방면으로 공부하며 왕위를 이을 준비를 했어. 외할머니와 어머니를 거쳐 3대째 여왕이 된 공주야. 네덜란드엔 '퀸즈 데이'라는 여왕의 날이 있는데 국가 경축일이야. 이날 사람들은 왕실의 상징인 주황색 옷을 입고 온종일 축제를 즐겨.

▼ 베아트릭스 여왕은 2013년 아들인 빌럼 알렉산더르에게 왕위를 물려주었어.

▲ 여왕의 날인 '퀸즈 데이'가 되면 거리는 주황색 물결로 넘쳐난단다.

주황색이 왕실의 상징인 이유는 네덜란드의 독립전쟁과 관련이 있어. 네덜란드는 에스파냐의 지배를 받았었어. 당시 독립 운동을 이끈 지도자가 오렌지 공이었어. 그때부터 오렌지색인 주황색은 네덜란드 왕실을 대표하는 색깔이 되었단다. 현재, 네덜란드 축구 국가대표 선수들이 유니폼으로 입는 티셔츠도 주황색이야. 네덜란드 사람들에게 있어 주황색은 왕실과 자유를 상징하는 색이란다.

▲ 네덜란드 국왕 빌럼 알렉산더르의 국왕 즉위식 모습이야.

▲ 여왕이 태어나서 지금까지 살고 있는 아말리엔보르 궁전이란다.

유태인을 보호한 크리스티안 왕의 이야기가 담긴 그림책 《노란별》이야.

덴마크 여왕 마르그레테 2세

덴마크의 여왕 마르그레테 2세는 아말리엔보르 궁전에서 태어났어. 딸만 셋을 둔 그녀의 아버지 프레데리크 9세는 아들만 왕위를 이을 수 있다는 오래된 법을 바꾸고 공주인 마르그레테에게 왕위를 물려주었어.
여왕에겐 《노란 별》이란 그림책에 나오는 할아버지가 있어. 독일의 히틀러가 덴마크에 쳐들어왔을 때 저항한 왕이야. 그 결과 덴마크에서만 유태인의 희생이 적었다고 해. 할아버지처럼 마르그레테 2세도 국민들의 사랑을 받고 있어. 특히 환경 문제에 관심이 많아 자연 환경을 보호하는 데 큰 힘을 쏟고 있단다.

▲ 마르그레테 2세의 모습이야.

요르단 왕비 라니아 알 압둘라

왕실의 혈통은 아니지만 왕세자와 결혼해 '공주'라고 불리게 된 아름다운 요르단 왕비 라니아 알 압둘라! 그녀는 지역 사회의 발전, 수준 높은 교육 프로그램 개설, 여성들의 사회 진출, 어린이를 위한 재단 설립 등 국민들을 위해 많은 일을 하고 있어. 나라와 국민을 위하여 일할 수 있어 기쁘다는 요르단의 멋진 공주이자 왕비란다.

◀ 요르단의 왕 압둘라 2세와 라니아 알 압둘라 왕비란다.

유럽 왕실의 아름다운 궁전들

유럽에는 아름다운 궁전들이 그대로 남아 있어. 몇 백 년을 이어져 내려오는 왕실 가문 덕분에 아직도 화려하고 웅장한 궁전의 모습이 잘 보존되어 있지. 그래서 오늘날 관광객들의 발길이 끊이지 않고 있단다.

베르사유 궁

▼ 프랑스 파리 베르사유에 있는, 바로크 양식의 궁전이야.

▲ 베르사유 궁전의 아름다운 정원이야. ▲ 베르사유 궁전의 호화로운 거울의 방이야.

루브르 궁 　　　　　　　　　　　　　퐁텐블루 궁

▲ 지금은 루브르 박물관으로 유명한, 프랑스 파리 센 강변에 있는 왕궁이야.　▲ 프랑스의 대표적인 건축과 예술, 문화가 살아 있는 궁이야.

쇤부른 궁

▲ 오스트리아 합스부르크 왕가의 여름 별궁이란다.

알람브라 궁

예카테리나 궁

▲ 기독교와 이슬람 양식이 섞인, 에스파냐 그라나다에 있는 궁전이야.

▲ 러시아 황제 예카테리나 1세가 여름 별궁으로 지은 예카테리나 궁전의 모습이야. 러시아에서도 화려하고 호화롭기로 유명하단다.

▼ 독일 드레스덴에 있는, 균형미가 뛰어난 바로크 양식의 궁전이야.

츠빙거 궁

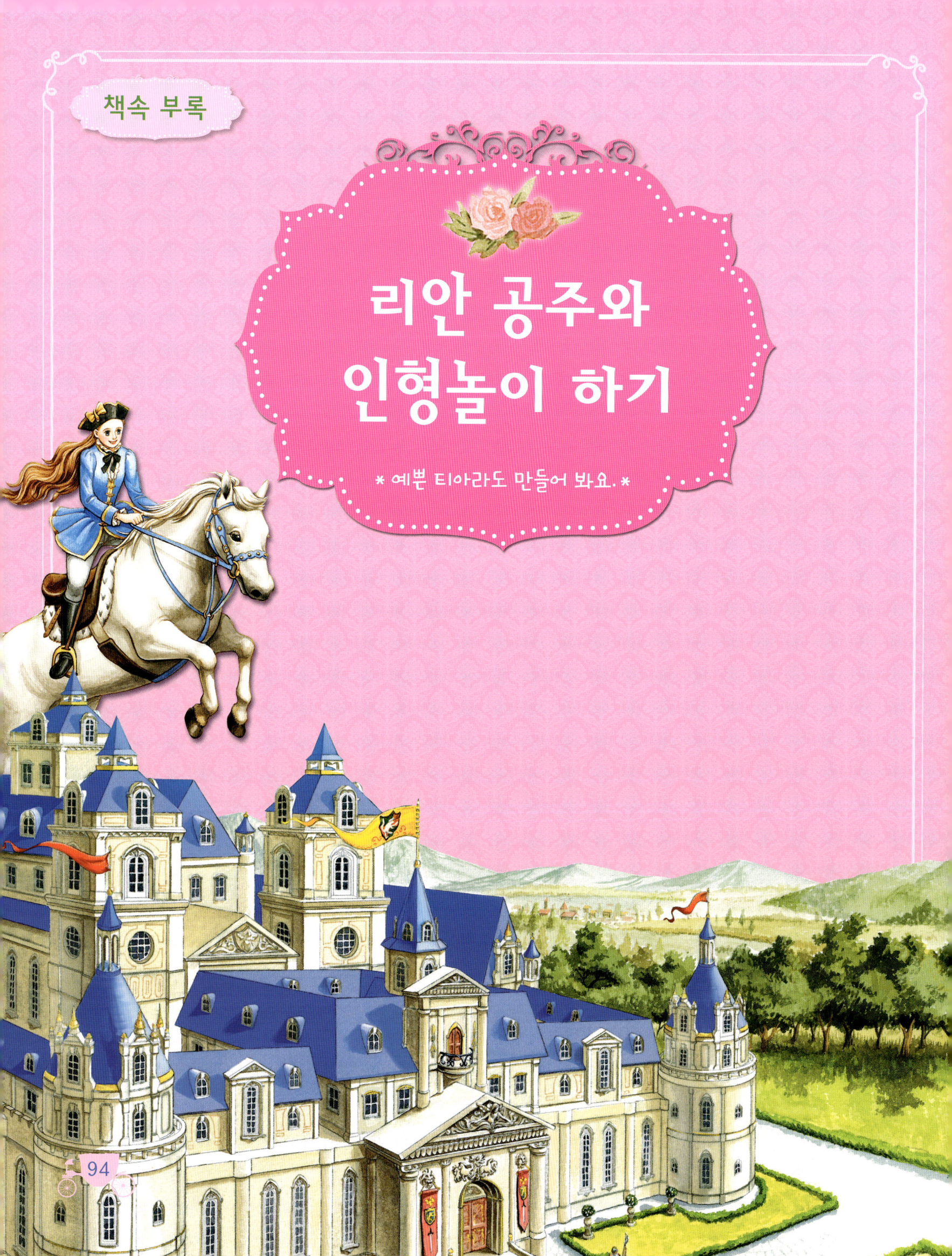

폴링 칼라 바로크 시대   로룸 비잔틴 시대

 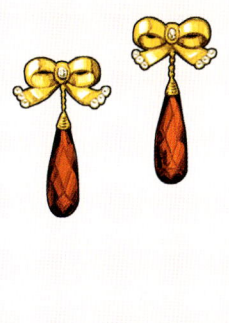

 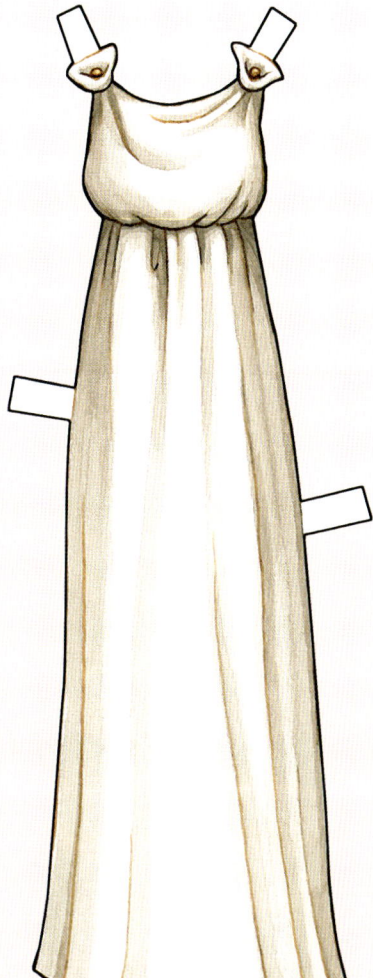 

쉬스 드레스 고대 이집트　　**키톤** 고대 그리스　　**팔라** 고대 로마

에넹 모자 중세 말기

고딕시대의 드레스
중세 말기

러프 칼라
르네상스, 바로크 시대

엠파이어 스타일
나폴레옹 1세 시대

크리놀린 드레스

나폴레옹 3세 시대

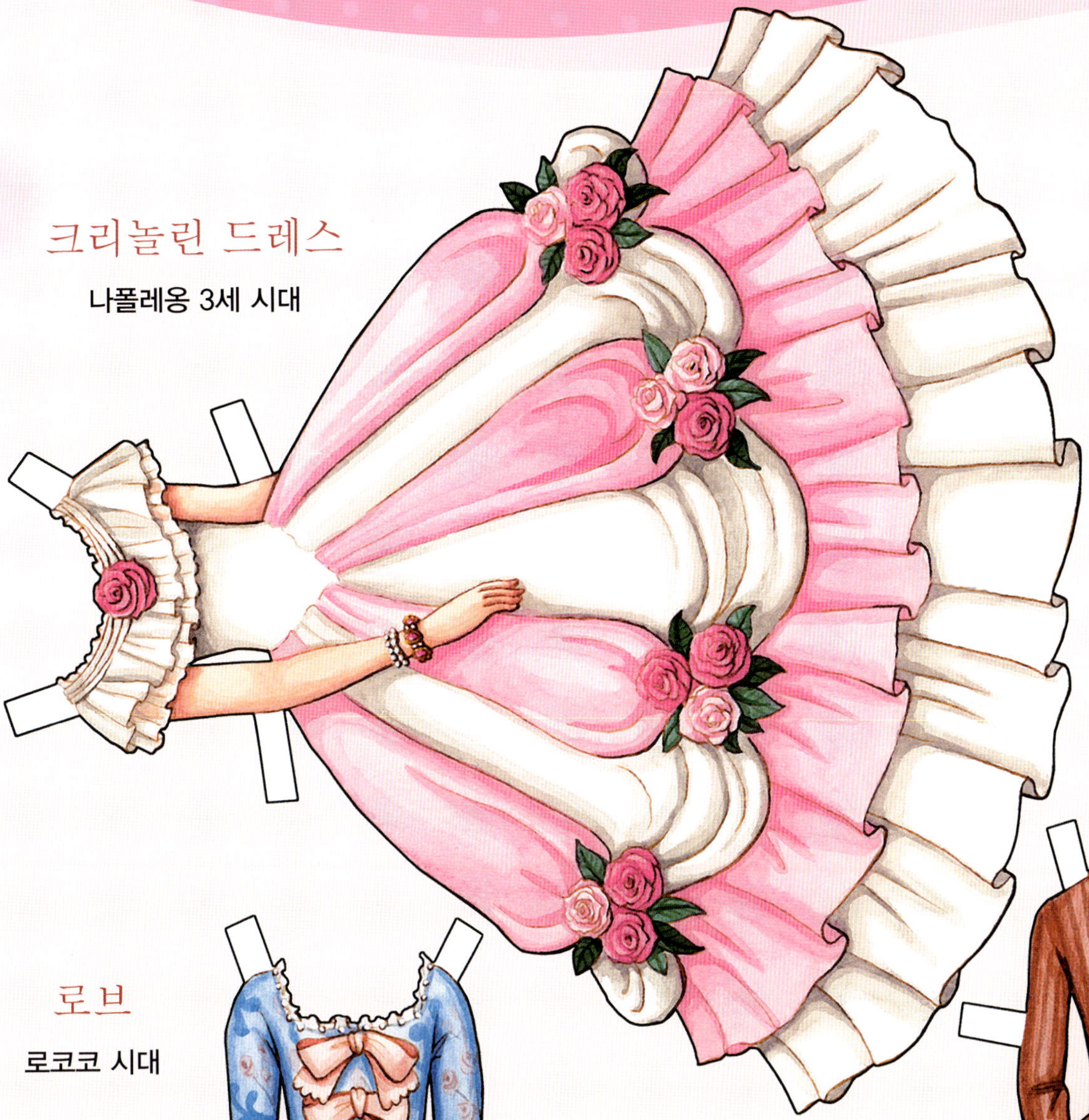

로브

로코코 시대

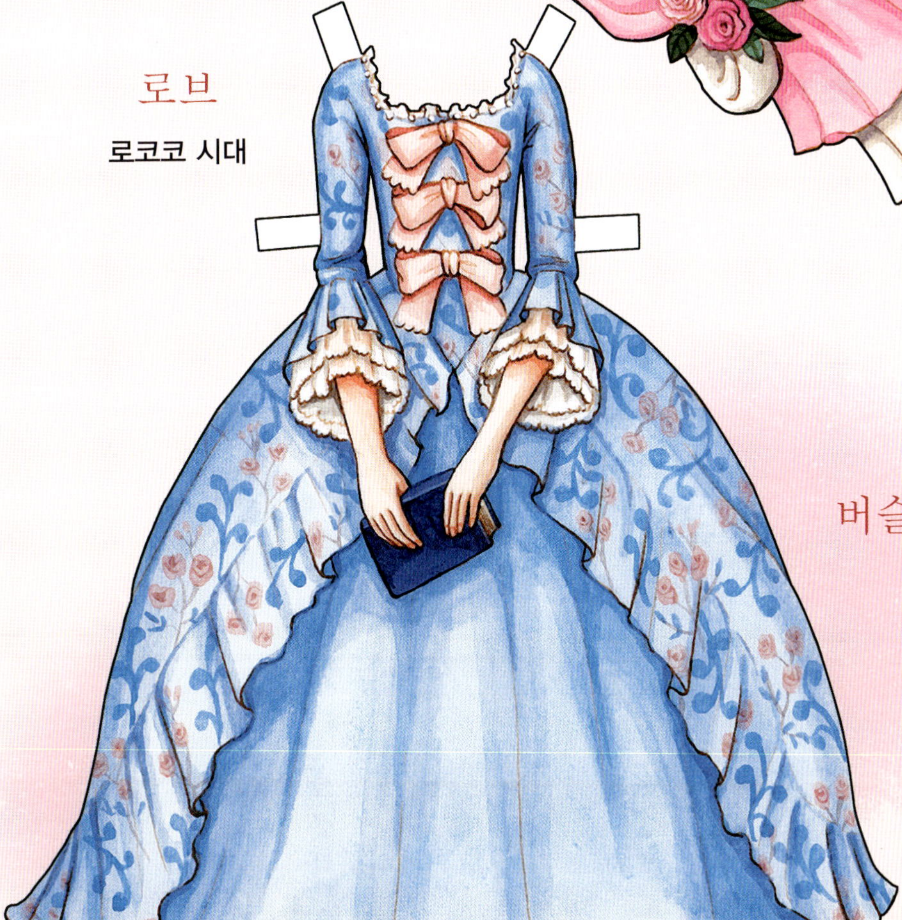

버슬 스타일

근대

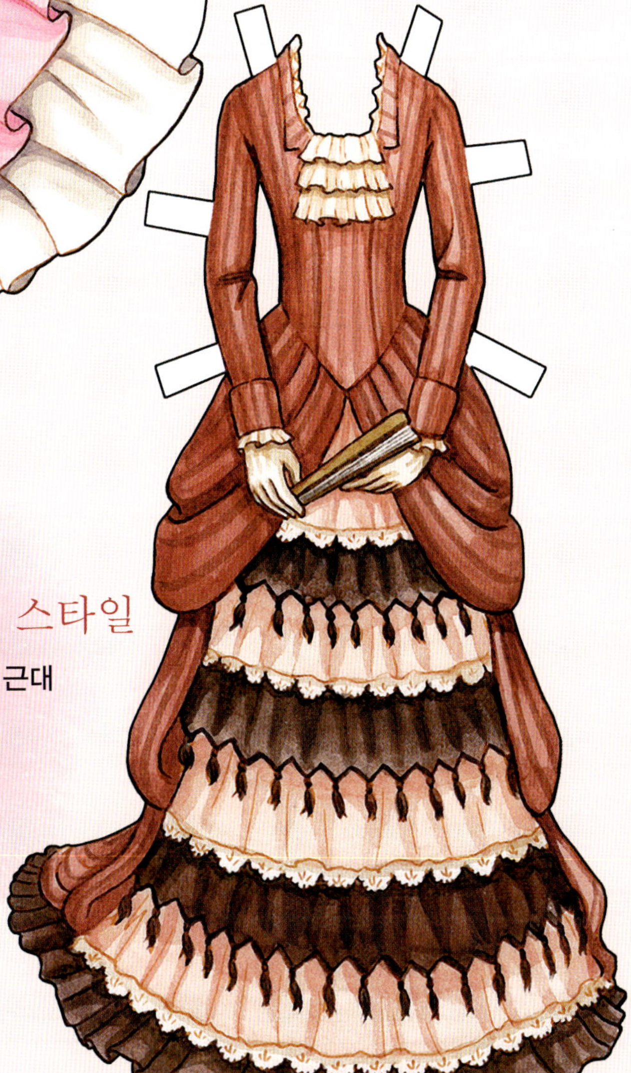

절취선

티아라

105